카톡, 카카오스토리
스토리채널, 옐로아이디
실전 온라인 마케팅

'마케팅 끝판왕' 지금 당장 시작해라

대박 매출로 이끌어
카카오스토리 마케팅

카카오톡
스토리채널
옐로아이디

윤정탁, 이기훈 지음

- 창업이 문제가 아니라 매출을 올려야 진정한 성공이다.
- 주부 및 소상공인들의 쇼핑몰에 최적 마케팅 기법인 스토리 채널 실전 비법
- 블로그 마케팅을 뛰어넘는 카카오 스토리, 스토리 채널 마케팅
- 바이럴 마케터의 실전 현장 노하우 기술

인투북스
InTo Books

윤정탁

머·리·말

온라인 마케팅 회사에서 근무하던 중 2013년 7월경 '동대문카탈로그'라는 스토리 채널을 시작하였습니다. 시간이 지나면서 스토리 채널을 통해 옷이나 물품을 사고파는 사람들을 보게 되었고, '소식받기' 수를 늘리는 방법을 연구하다 보니 페이스북보다 사람을 모으기 쉽고 반응율도 높다는 것을 확인하였습니다.

제가 운영하고 있는 스토리 채널은 총 3개입니다. 운영을 하다 보니 사람을 빨리 모으는 방법과 여러 가지 판매 노하우들을 실전에서 익히게 되었습니다. 감히 말하건대 스토리 채널만큼 소상공인들에게 효과적인 마케팅 툴은 없습니다. 스토리 채널에 대해 쌓인 노하우를 전달하기 위해 지인들에게도 스토리 채널의 시작을 권유하였고, 네이버 카페도 운영하고 강의도 하고 있습니다.

요즘 온라인에서 마케팅하기가 많이 어려워지고 있습니다. 블로그나 카페에서 상위 노출하는 사람들은 점점 많아지고 이미 포화상태에 이르렀다고 봅니다. 이 시점에서 카카오 스토리는 자신의 상품이나 서비스를 소비자에게 알릴 수 있는 최고의 마케팅 툴이라고 봅니다.

아직 카카오 스토리 서비스가 나온 지 얼마 되지 않아서 경쟁도 온라인에 비해 낮은 편입니다. 사용 방법도 간단해서 책을 읽어보고 며칠간 사용해 본다면 쉽게 적응할 수 있습니다. 카카오 스토리는 신규 고객 창출에도 효과적이고 기존 고객 관리에도 아주 유용한 툴입니다. 저는 사업자분들을 대상으로 많은 컨설팅을 진행했으며 그 결과 빠르게 매출이 오르는 것을 직접 눈으로 확인하였습니다. 많은 분들이 이 책을 읽고 매출 상승의 꿈을 이루시길 바랍니다.

내용 문의: http://cafe.naver.com/hotms

윤정탁 E-Mail: didvk6@naver.com

이기훈

카카오톡을 처음 알게 되었을 때는 MSN, 네이트온 같은 PC용 메신저의 모바일 버전 정도로 생각하였는데, 지금은 스마트폰 쓰는 거의 모든 사람들이 사용하는 국민 어플이 되었습니다.

현재 많은 업체에서 카카오톡을 통해 상담을 진행하고 있습니다. 그 후, 카카오 스토리가 나왔습니다. 사진 위주의 개인 블로그로 사용하는 분들이 대부분이었지만, 일부 사업자들이나 마케터들 사이에서는 이 카카오 스토리를 마케팅 툴로서 상품을 팔거나 홍보하는데 사용하고 있습니다.

처음 카카오 스토리로 옷을 팔고, 미용실을 홍보하는 등의 마케팅 활용을 해보았을 때 그 효과가 굉장히 놀라웠습니다. 그게 벌써 2012년, 2년 전입니다. 무엇이든 선점이 중요합니다. 2년이란 짧은 시간 먼저 고객을 선점한 분들은 굉장한 마케팅 효과를 보고 있습니다. 네이버, 트위터, 페이스북 그리고 카카오 스토리로 툴은 바뀌어도 마케팅에 대한 본질은 변하지 않습니다. 기존에 온라인 마케팅을 진행하던 분들이라면 쉽게 적응할 수 있을 겁니다.

이 책의 공동 저자인 윤정탁 소장과는 지난 저서인 '블로그를 뛰어넘는 바이럴 마케팅'으로 인해 만나게 되었습니다. 윤정탁 소장은 많은 시간 카카오의 시스템과 마케팅 활용에 대해서 연구하였고, 실제 기존 마케팅 채널에서는 상상하기 힘든 성과를 단기간에 이뤄내고 있습니다.

카카오 마케팅은 카카오톡, 카카오 스토리, 스토리 채널, 옐로 아이디, 카카오비즈 등을 이용합니다. 그 사용이 어렵지도 않고 많은 사업자분들이 진출하지도 않은 상태입니다. 다른 분들보다 먼저 익히고 활용하시면 손쉽게 매출 증대에 큰 도움을 받을 것입니다.

내용 문의: http://cafe.naver.com/jjukjong
이기훈 E-Mail: positivehoon@naver.com

Chapter 01 왜 카카오 마케팅을 해야 하는가? 9

    1. 카카오 플랫폼의 현황   9
    2. 카카오 마케팅을 해야 하는 이유   10

Chapter 02 카카오 플랫폼 소개 및 가입하기 12

    1. 카카오 스토리   12
      1.1 카카오 스토리 가입 방법   12
      1.2 카카오 스토리에 글쓰기   16
      1.3 카카오 스토리에 사진 올리기   17
      1.4 카카오 스토리에 동영상 올리기   19
        ■ 촬영해서 올리기   20
        ■ 사진 앨범에서 동영상 올리기   21
      1.5 카카오 스토리에 URL 링크 올리는 방법   23
      1.6 카카오 스토리의 글 수정하기   25
      1.7 카카오 스토리의 사진 삭제하기   27
      1.8 카카오 스토리에서 여러 장의 사진 삭제하기   28
      1.9 카카오 스토리 프로필 설정하기   30
      1.10 카카오 스토리 배경 설정하기   33
      1.11 카카오 스토리 한줄 프로필 설정하기   35
      1.12 카카오 스토리의 고객 댓글 및 느낌 확인하기   37
    2. 스토리 채널   38
      2.1 카카오 스토리와 스토리 채널의 차이점   39
        ■ 스토리 채널 공지 사항   39
        ■ 친구 수의 차이   40
        ■ 전달력의 차이   42
        ■ 분석력의 차이   44

2.2 스토리 채널 가입하기	47
2.3 스토리 채널 기본 설정하기	51
■ 옐로 아이디 연결하는 법	54
2.4 스토리 채널 기능 설명	55
■ [채널 홈]	55
■ [정보]	55
■ [관리자]	56
■ [구독자]	57
■ [활동 로그]	57
■ [통계]	58
■ 스토리 채널 프로필 설정	59
■ 스토리 채널 콘텐츠 업로드	60
2.5 스토리 채널 추가로 만들기	61
3. 옐로 아이디	62
3.1 옐로 아이디 소개	62
3.2 옐로 아이디 가입 방법	62
■ 옐로 아이디 명과 옐로 아이디의 차이점	66
3.3 옐로 아이디 사용 방법	70
3.4 친구 그룹 관리 설정	75
■ 그룹 만들기	75
■ 그룹 삭제하기	78
3.5 옐로 아이디 1:1 대화	79
■ 옐로 아이디 1:1 대화에서 친구 차단하기	80
3.6 옐로 아이디 친구 모으기	81
■ [친구 추천 광고 구매]	81
■ [친구 추가 홍보 도구]	83
■ [친구 추가 링크]	84
■ [친구 추가 QR 코드]	85
3.7 통계 보고서	85
3.8 충전금 관리	86
3.9 프로필/미니 홈 관리 기능	87
■ 옐로 아이디 미니 홈과 스토리 채널의 연결	88
■ 고객이 옐로 아이디 미니 홈에 들어가는 방법	89
3.10 하나의 카카오 계정으로 여러 개의 옐로 아이디 생성하기	90
3.11 옐로 아이디 핸드폰으로 관리하기	91

Chapter 03 꼭 알아둬야 할 카카오 스토리 기능 · 94

1. [공유] 기능 · 94
2. [느낌] 기능 · 97
3. [함께하는 친구] 기능 · 101
4. [해시 태그] 기능 · 103
5. 카스 쪽지 보내기 · 107
   5.1 카스 쪽지를 보낼 때 유용한 기능 펑 쪽지 · 110
6. 간단한 카스의 부가 기능 · 111
   6.1 관심 친구 기능(즐겨찾기) · 111
   6.2 카카오 스토리 글쓰기 설정(설정 후 모든 글에 적용) · 112

Chapter 04 스토리 채널 소식 받기 늘리기 · 114

1. 카스 친구 초대를 통한 스토리 채널 소식 받기 증가시키기 · 114
   1.1 스토리 채널 계정과 카스 계정이 같을 때 · 115
   1.2 스토리 채널 계정과 카카오 스토리 계정이 다를 때 · 116
2. 태그 기능을 통한 스토리 채널 친구 초대 · 119
   2.1 태그 기능 사용하는 방법 · 120
3. 이벤트를 통한 카카오 스토리 친구 늘리기 · 121
   3.1 스토리 채널 이벤트 · 121
   3.2 이벤트 효율을 높이는 방법 · 124

Chapter 05 카카오 스토리에서 공유가 잘되는 콘텐츠 10가지 · 127

1. 공유를 하면 행운이 온다는 글 · 127
2. 레시피 관련 콘텐츠 · 128
3. 유용한 생활 정보(생활 속 꿀 팁!) · 129
4. 가볼 만한 여행지 모음 · 130
5. 공감을 유도하는 글 · 130
6. 카카오 스토리의 느낌 기능을 활용한 콘텐츠 · 131
7. 감성을 자극하는 좋은 글 · 131
8. 초성을 이용해서 만든 콘텐츠 · 132
9. 지인들에게 꼭 알려야만 되는 긴급 정보 · 132
10. 지인들에게 알리고 싶은 단기간 이벤트나 세일 정보 · 133

Chapter 06 카스 운영에 유용한 프로그램들   134

1. 화면 캡처 프로그램   134
2. 이벤트 당첨 어플   136
      2.1 공유 이벤트 추첨기   136
        ■ 응모자 추첨하기   140
3. 이벤트 응모 번호 받기   141
4. 유용한 어플(카스 정보방) 사용하기   145
5. 카카오 스토리에서 링크로 결제가 가능한 페이앱   150
6. 네이버 오피스로 카카오 스토리 유용하게 사용하기   153
      6.1 네이버 오피스로 이벤트 페이지 만들기   153
      6.2 네이버 오피스를 활용한 고객 주문서 만들기   158

Chapter 07 카카오 스토리로 부업하기   162

1. 카카오 스토리로 쇼핑몰 하기   162
2. 위탁 판매 시스템이란?   163
        ■ 위탁 판매의 장점   163
        ■ 위탁 판매의 단점   163
3. 위탁 판매가 가능한 업체   164
      3.1 여성 의류   164
      3.2 남성 의류   166
      3.3 핸드폰 케이스   167
      3.4 명품 도매 사이트   169
      3.5 액세서리 도매 사이트   170
      3.6 땡처리 물품 사이트   170
      3.7 패션 잡화 전문 도매 사이트   171
      3.8 신발 도매 사이트   172

Chapter 08   카카오 스토리 판매에 대한 Tip   173

1. 판매 가격의 한계   173
2. 잠재 고객 관리   174
3. 카카오톡 채팅을 통한 상담 노하우   174
     3.1 고객의 취향 파악   174
     3.2 상담을 통한 추가 상품 구매 유도   175
     3.3 채팅을 통한 공동 구매를 유도   175
     3.4 신제품 소식이나 할인 정보 전달로 구매 유도하기   176

Chapter 09   10대들의 카카오 스토리   177

1. 10대들이 카카오 스토리에서 만들어 낸 신조어들   177
     1.1 언급   177
     1.2 썰   178
     1.3 숫자 놀이   179
     1.4 카스툰   179

Chapter 10   카카오 스토리를 이용한 고객 관리   181

1. 카스를 이용한 고객 관리 방법   181
2. 구매 완료 후 만족 여부를 카톡으로 체크하기   182

Appendix 부록   추천 카카오 스토리 채널   184

1. 패션   184
2. 유머   186
3. 여성   186
4. 요리   187
5. 연애   188
6. 책, 명언   188
7. 육아   189
8. 취업   189
9. 특정 기관   190
10. 유명인   190

Chapter 01 왜 카카오 마케팅을 해야 하는가?

카카오스토리 마케팅

1 카카오 플랫폼의 현황

지금은 모두가 인터넷과 모바일로 연결된 시대입니다. SNS의 열풍이 불고 있습니다. SNS에는 카카오 스토리, 페이스북, 트위터, 미니 홈피 등 다양한 종류가 존재하는 데, 이런 SNS들의 시장 점유율을 살펴보겠습니다.

2012-2013 SNS 서비스사별 이용률 추이(1순위 응답 기준)

순위	SNS 서비스사	2013년 (N=3,270)	2012년 (N=2,057)	증감률
1	카카오스토리	55.4%	31.5%	+23.9%p
2	페이스북	23.4%	28.0%	-4.6%p
3	트위터	13.1%	19.4%	-6.3%p
4	싸이월드 미니홈피	5.5%	17.0%	-11.5%p
5	기타	1.3%	4.0%	-2.7%p

[SNS 이용 추이 분석 자료]

표를 보면 카카오 스토리가 다른 SNS와 비교했을 때 압도적인 이용률을 보이고 있습니다. 페이스북, 트위터가 점유하고 있던 국내 SNS의 세대 교체가 이뤄졌다고 볼 수 있습니다. 카카오 스토리 마케팅이 중요한 이유입니다.

> **참고하세요!** SNS(Social Networking Service)
>
> 온라인에서 친구, 동료와 더불어 사회적 관심을 공유하는 사람들끼리 인적 관계를 맺어 소통하는 것을 '소셜 네트워크 서비스' 또는 'SNS'라고 부릅니다. 개인의 표현 욕구가 강해지면서 개인 정보를 공유하고 의사소통을 하는 등 사람들 사이의 사회적 관계를 맺어 친분 관계를 유지시키는 카카오 스토리, 페이스북(Facebook), 트위터(Twitter) 등의 SNS는 점점 발전해 나가고 있습니다.

2012~2013 연령대별 SNS 서비스사 이용점유율(1순위 응답 기준)

(단위: %)

순위	서비스사	10대 2013	10대 2012	20대 2013	20대 2012	30대 2013	30대 2012	40대 2013	40대 2012
1	카카오스토리	60.7	33.0	38.8	20.8	59.7	41.4	69.7	39.6
2	페이스북	21.6	23.9	34.5	38.9	20.4	18.8	13.6	23.2
3	트위터	8.4	13.8	18.3	22.0	11.8	18.2	10.3	22.7
4	싸이월드 미니홈피	7.5	23.0	5.9	15.2	5.3	19.1	3.6	9.4
5	기타	1.8	6.4	2.5	3.1	2.7	2.6	2.7	5.1

주: 10대 미만과 50대 이상의 연령대는 SNS를 이용하는 수가 적어 제외함

[연령별 SNS 이용도 추이 분석 자료]

카카오 스토리의 연령별 이용자 수치 자료를 보겠습니다.

카카오 스토리를 가장 많이 활용하는 세대는 10대이며, 다음으로 40대, 30대, 20대 순으로 이용자 수가 분포하고 있습니다. 사용 방법이 쉽기 때문에 30대, 40대분들이 페이스북은 잘 못하더라도 카카오 스토리는 많이들 사용하기 있습니다. 카카오 스토리에서 가장 활발한 활동을 하는 유저층은 10대들과 주부들이며, 이들이 콘텐츠를 가장 많이 공유하는 유저층이기도 합니다.

② 카카오 마케팅을 해야 하는 이유

위의 표에서도 확인하였지만 카카오 스토리의 이용률은 다른 SNS에 비하여 압도적으로 높습니다. 카카오 마케팅을 해야 되는 이유를 살펴보겠습니다.

첫 번째: 카카오 스토리는 간편하게 모바일에서도 사용이 가능합니다.

개인 매장을 운영하는 사장님들은 사이트를 운영하려고 해도 사진을 찍고 업로드 작업을 진행하고, 다시 인터넷으로 고객 상담을 받는 작업등이 상당히 어렵고 복잡한 과정이 됩니다. 하지만 상품 정보를 카카오 스토리에 올리고 카카오 스토리 내에서 고객과 소통하는 것은 스마트폰 하나만 있으면 가능하고, 촬영과 업로드 과정도 스마트폰으로 처리할 수 있는 간단한 작업입니다.

두 번째: 고객과 지속적인 소통이 가능합니다.

인터넷의 사이트를 운영하면 운영자는 정보를 생산하고 소비자는 정보를 받기만 하는 구조로 이루어졌습니다.(개인 블로그 제외) 하지만 카카오 스토리는 물품 사진을 올리면 고객이 물품에 대한 반응을 바로 댓글로 답하면서 상호 소통이 가능한 구조입니다. 카카오 스토리 마케팅에서 소통은 매우 중요한 요소입니다.

세 번째: 카카오 스토리는 아직 경쟁이 타 플랫폼에 비해 치열하지 않습니다.

N사의 검색 광고를 해분들은 아시겠지만 주요 키워드는 파워 링크 광고 하나만으로도 월 몇 백~몇 천만 원씩의 비용을 부담해야 합니다. 하지만 카카오 스토리는 나온 지 얼마 안 된 플랫폼이기 때문에 아직까지 다른 플랫폼만큼 경쟁이 치열하지 않은 곳입니다. 그래서 마케팅을 하기에 부담도 적고 편리한 장점을 갖고 있습니다.

네 번째: 카카오 마케팅은 다른 여타 채널보다 고객을 모으는 속도가 빠릅니다.

네이버 카페, 페이스북 페이지보다 2배 이상 콘텐츠 확산 속도 및 회원가입 속도가 빠릅니다.

◆ 대박 매출로 이끌어 주는 **카카오 스토리 마케팅**

Chapter 02 카카오 플랫폼 소개 및 가입하기

카카오스토리 마케팅

1 카카오 스토리

카카오 스토리는 2012년 3월 카카오톡을 기반으로 만들어진 스마트폰 앱입니다. 나온 지 7개월 만에 가입자 수가 2천7백만 명을 돌파한 플랫폼이기도 합니다. 개인의 생활을 모바일로 간편하게 올릴 수 있으며 친구와 그 지인까지 소통이 가능한 오픈형 플랫폼입니다.

1.1 카카오 스토리 가입 방법

1 안드로이드 폰이라면 [Play 스토어], 아이폰이라면 [앱스토어]에 들어갑니다.

클릭

2 스토어에 들어가서 '카카오 스토리'를 입력한 후, 나타나는 항목 중 [카카오 스토리]를 클릭하여 설치합니다.

3 카카오 스토리의 설치가 완료되면, [카카오톡으로 시작하기]를 누릅니다.

참고하세요! 카카오 스토리 실행 환경

카카오 스토리는 카카오톡이 미리 설치되어 있어야 합니다. 만약 카카오 계정이 따로 있다면 [카카오 계정 직접 입력]을 눌러 줍니다.

4 이용 약관 및 개인 정보 동의에 모두 체크해 줍니다.

5 성과 이름, 생년월일까지 입력하고 [가입완료]를 누르면 설정이 완료됩니다.

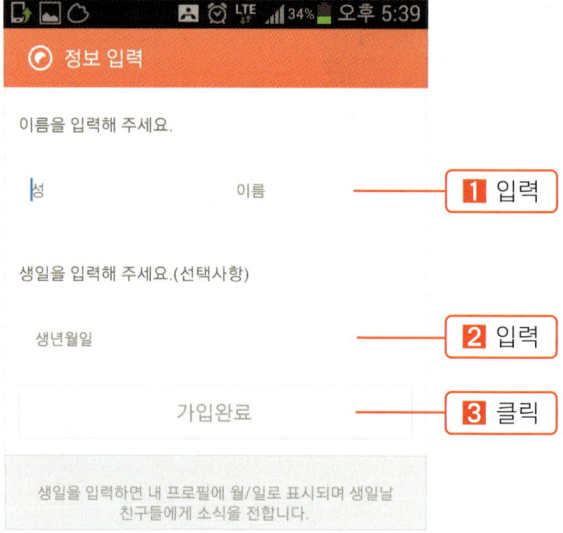

Chapter 02 카카오 플랫폼 소개 및 가입하기 ◆ 15

6 가입이 완료되면 카카오 스토리 메인 화면이 나오게 됩니다.

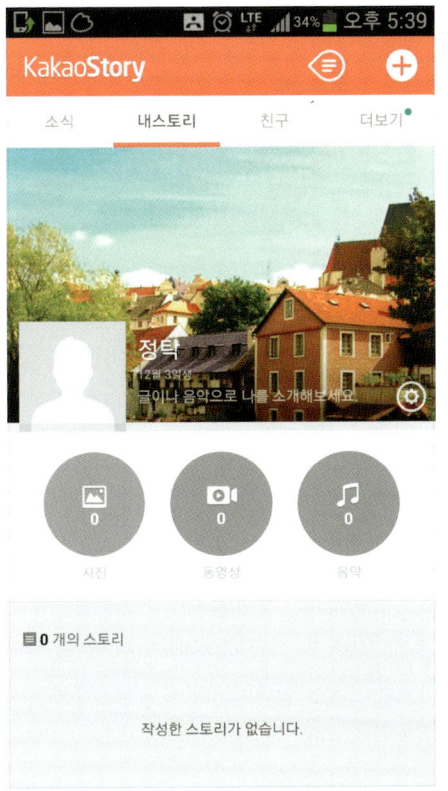

참고하세요! 용어 설명

많은 유저들은 카카오톡이나 카카오 스토리 등을 아래처럼 줄여서 사용합니다.

- 카카오톡 ⇨ 카톡 (줄임말)
- 카카오 스토리 ⇨ 카스 (줄임말)

1.2 카카오 스토리에 글쓰기

1 오른쪽 위에 플러스(＋) 버튼을 클릭한 후, [글]을 클릭합니다.

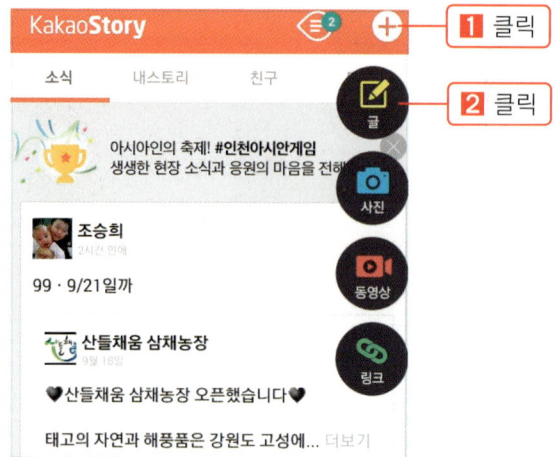

2 아래와 같은 화면이 나오면 자신의 전달할 메시지를 작성하고 오른쪽 위에 [올리기] 버튼을 클릭합니다. 그러면 아래와 같이 내 카카오 스토리에 글이 올라갑니다.

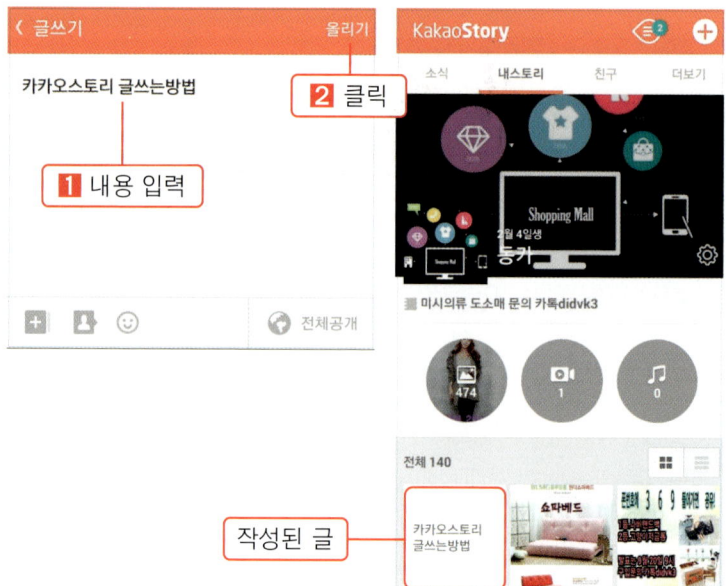

1.3 카카오 스토리에 사진 올리기

1 카카오 스토리 메인 화면에서 오른쪽 위에 플러스(+) 버튼을 클릭한 후, [사진] 버튼을 클릭합니다.

2 [사진] 버튼을 클릭하면 자신의 갤러리에 있는 사진들이 나오게 됩니다. 여기서 업로드할 사진을 선택하고 [다음] 버튼을 클릭합니다.(사진은 최대 10장까지 선택할 수 있습니다.)

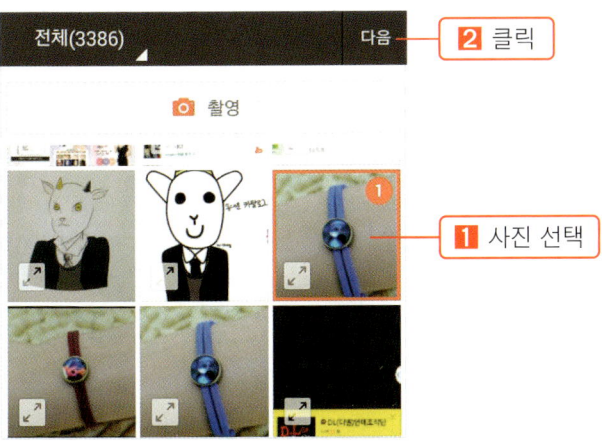

3 카카오 스토리 내에게 간단한 편집을 할 수 있는 화면이 나옵니다. 편집을 끝내고 [다음] 버튼을 클릭합니다.

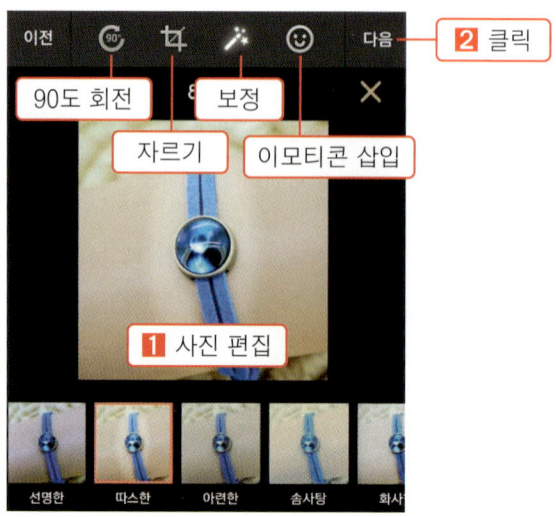

4 사진이랑 같이 전달할 글을 작성하고 [올리기] 버튼을 클릭하면 이렇게 나의 카카오 스토리에 사진이 업로드 됩니다.

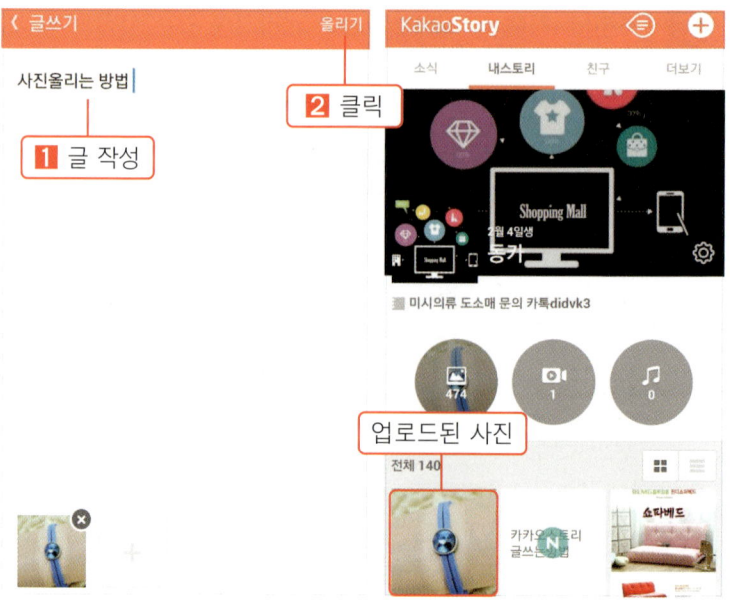

Chapter 02 카카오 플랫폼 소개 및 가입하기 ◆ 19

1.4 카카오 스토리에 동영상 올리기

1 카카오 스토리 메인 화면에서 우측 상단의 플러스(+) 버튼을 클릭한 후, [동영상] 버튼을 클릭합니다.

2 직접 영상을 촬영해서 올리거나 또는 앨범에 수록된 동영상을 선택하는 등 두 가지 방법이 나옵니다.

◆ 대박 매출로 이끌어 주는 **카카오 스토리 마케팅**

■ 촬영해서 올리기

1 동영상을 바로 촬영해서 올리려면 [촬영] 버튼을 클릭합니다.

2 카메라 버튼을 누르고 있으면 촬영이 진행됩니다. 최대 30초까지 촬영이 가능합니다. 촬영이 완료되면 [글쓰기] 버튼을 클릭합니다.

> **참고하세요!** 촬영
> - 촬영 시작시 카메라 모양을 누르고, 종료하려면 누르고 있는 손을 뗍니다.
> - 촬영한 것이 마음에 안 들면 [다시찍기] 버튼을 클릭하여 재촬영할 수 있습니다.

Chapter 02 카카오 플랫폼 소개 및 가입하기 ◆ 21

③ 이제 전달할 메시지를 입력하고 [올리기] 버튼을 클릭하면 나의 카카오 스토리에 동영상이 올라가게 됩니다.

■ 사진 앨범에서 동영상 올리기

사진 앨범에서 올리는 방법도 간단합니다.

① 아래 화면에서 업로드 할 영상을 선택합니다. 그러면 동영상 편집 버튼이 나오는데 여기서 빨강색 바를 이동시켜 올릴 분량을 지정하고 [다음] 버튼을 누릅니다.

2 이후 작업은 [직접 촬영]과 같습니다. 아래는 나의 카카오 스토리에 동영상이 업로드된 모습입니다.

> **참고하세요!** 카카오 스토리에 사진/글/영상/링크 올리기
>
> 카카오 스토리는 사진+동영상+링크를 함께 올릴 수 없습니다.
> '사진+글', '동영상+글', '링크+글'처럼 두 가지의 조합만 가능하며 '사진+링크'는 사용할 수 없습니다.

> **참고하세요!** 카카오 스토리의 별칭(카스)
>
> 카카오 스토리는 흔히 카스라고 줄여서 부릅니다. 본서에서 카카오 스토리를 카스로 표기하는 곳이 많습니다. 카카오 스토리와 카스는 같은 말이니 혼동하지 않기를 바랍니다.

1.5 카카오 스토리에 URL 링크 올리는 방법

1 카카오 스토리 메인 화면에서 우측 상단의 플러스(+) 버튼을 클릭한 후, [링크] 버튼을 클릭합니다.

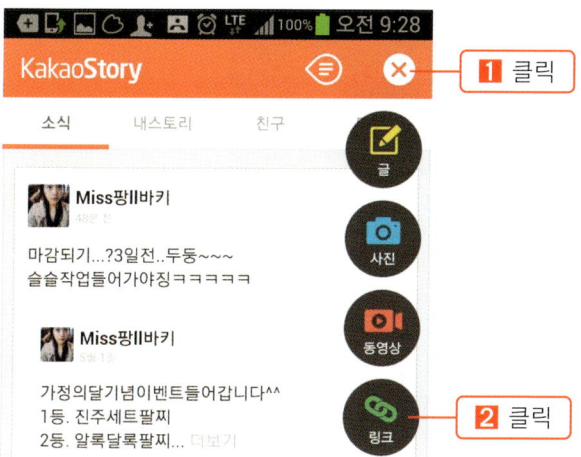

2 자신의 카스에 올릴 URL(링크) 주소를 입력하고 [확인] 버튼을 클릭합니다.

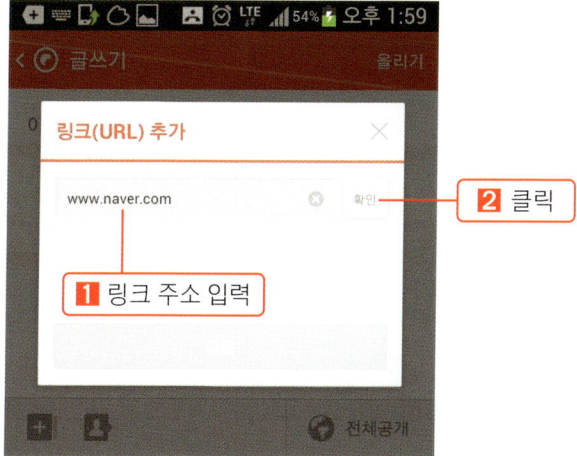

3 카스에 올릴 URL(링크) 주소가 설정되면 [다음] 버튼을 클릭합니다.

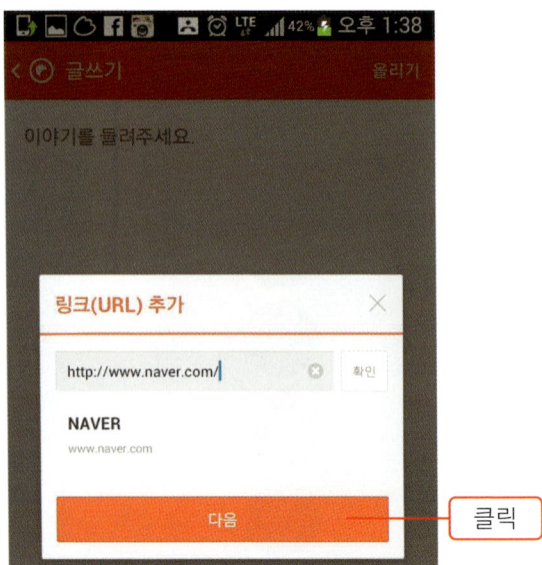

1 자신의 카스에 올릴 URL(링크) 주소가 나오게 됩니다. [올리기] 버튼을 누르면 URL 주소가 올라갑니다. 글을 추가하고 싶다면 글쓰기에서 원하시는 글을 작성한 후 [올리기] 버튼을 누르면 됩니다.

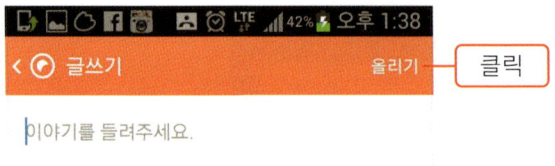

4 이렇게 소식란 URL(링크) 주소가 올라가게 됩니다. 사이트 중 일부는 사이트 주소와 함께 이미지, 사이트 소개가 함께 보입니다.

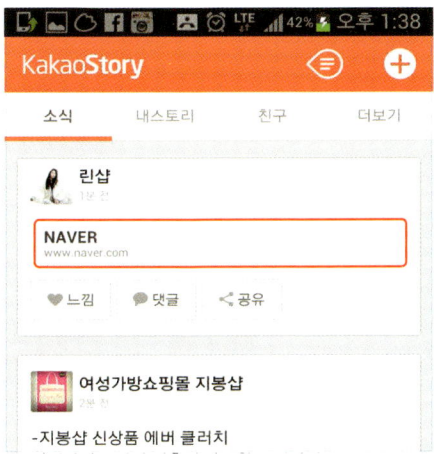

1.6 카카오 스토리의 글 수정하기

1 카카오 스토리 메인 화면에서 수정하고 싶은 사진이나 글을 클릭합니다.

2 오른쪽 위에 점 세 개( )게 버튼을 클릭하고 [수정하기] 버튼을 클릭합니다.

3 문구를 수정하고 [완료] 버튼을 클릭하면 수정이 완료됩니다.

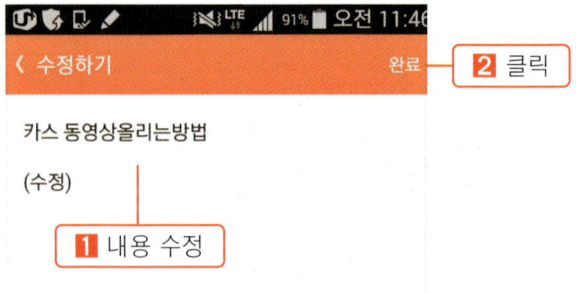

공유된 글 수정

카카오 스토리의 글이 공유되기 시작하면 글 수정이 불가능해집니다.

1.7 카카오 스토리의 사진 삭제하기

1 [내스토리]에서 삭제하고 싶은 사진을 선택하고 클릭합니다.

2 [스토리]로 들어온 후 오른쪽 위에 있는 점 세 개(┋) 버튼을 클릭하여 나타나는 항목 중 [삭제]를 클릭합니다.

3 [확인] 버튼을 누르면 삭제가 완료됩니다.

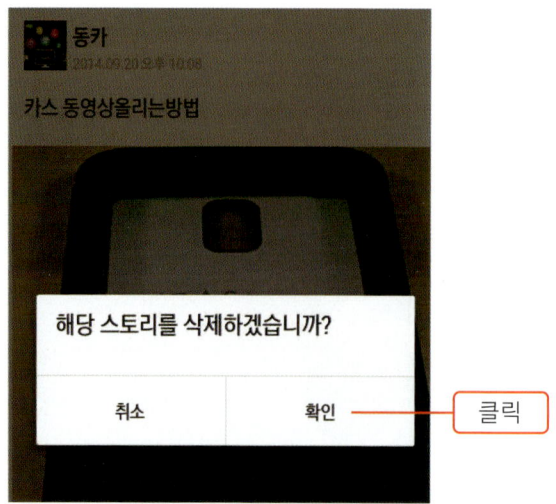

1.8 카카오 스토리에서 여러 장의 사진 삭제하기

1 [내스토리] 화면의 오른쪽 톱니바퀴처럼 생긴 버튼을 클릭합니다.

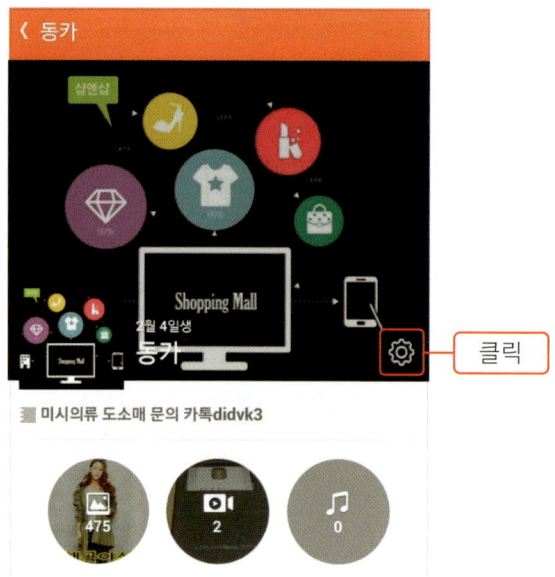

2 나타나는 3개의 메뉴 중 [내 스토리 선택 삭제]라는 버튼을 클릭합니다.

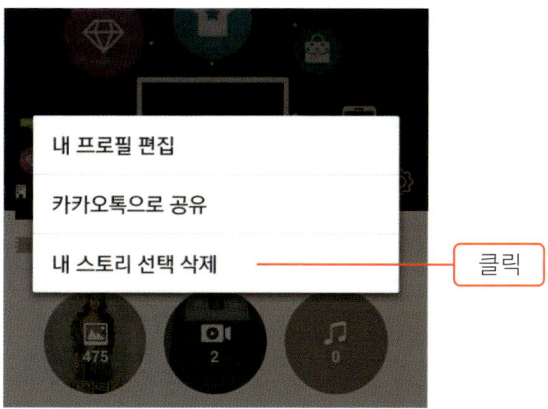

3 삭제하고 싶은 사진을 선택하고 [삭제하기] 버튼을 누릅니다. 한 번에 최대 20장까지 삭제할 수 있으며, 삭제되면 복구가 안 되니 신중하게 작업해야 합니다.

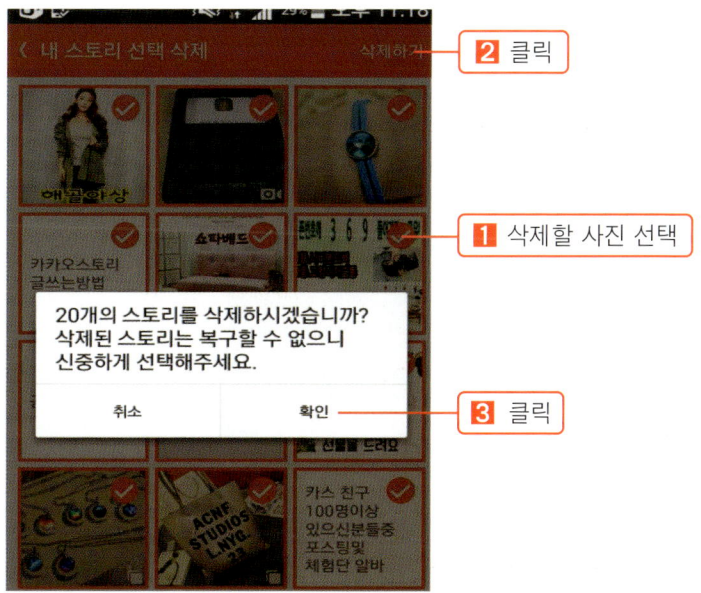

◆ 대박 매출로 이끌어 주는 카카오 스토리 마케팅

1.9 카카오 스토리 프로필 설정하기

■ **카카오 스토리 프로필을 촬영해서 올리기**

 카카오 스토리에서 [내스토리] 화면으로 들어옵니다. 그리고 린샵이라는 사진 옆에 있는 사람 모양 사진을 클릭합니다.

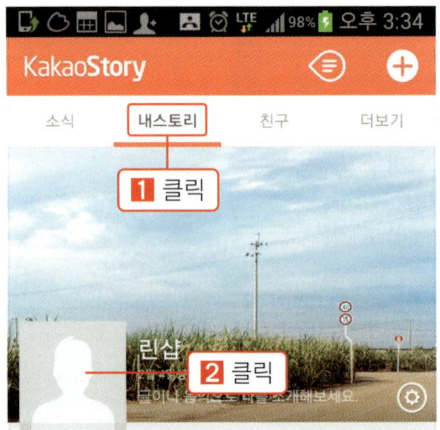

 나타나면 3개의 메뉴가 나오는데 [촬영]이라는 버튼을 클릭합니다.

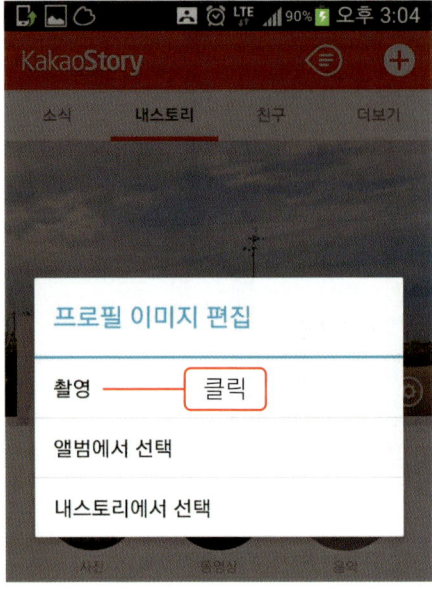

Chapter 02 카카오 플랫폼 소개 및 가입하기 ◆ 31

3 카메라로 사진을 찍고 [저장] 버튼을 클릭합니다.

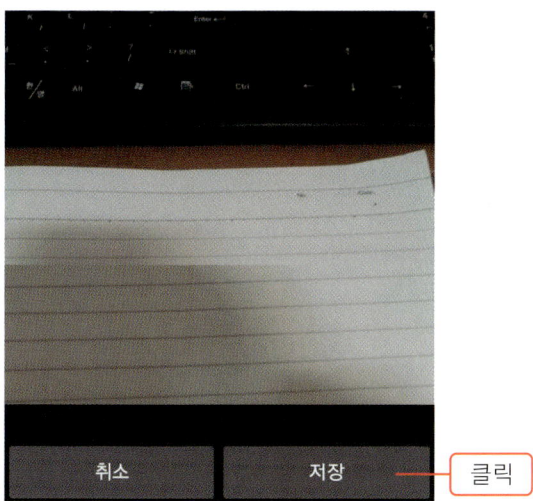

클릭

4 그러면 이렇게 메인 프로필 사진이 변경되고, 내 스토리에 프로필 사진이 올라오게 됩니다.

촬영해서 등록된 프로필 사진

◆ 대박 매출로 이끌어 주는 카카오 스토리 마케팅

■ **카카오 스토리 프로필을 앨범에서 올리기**

본인의 스마트 폰에 보유하고 있는 사진을 프로필로 사용하는 방법을 살펴보겠습니다.

1 [내스토리] 화면에서 프로필 사진 모양을 클릭한 후, [앨범에서 선택]을 클릭합니다.

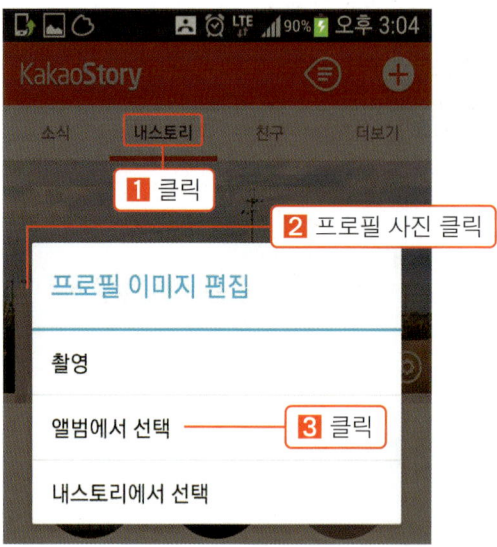

2 프로필 사진으로 설정할 사진을 앨범에서 찾아서 클릭합니다.

Chapter 02 카카오 플랫폼 소개 및 가입하기 ◆ 33

3 프로필 사진으로 설정할 사진을 필요에 따라 편집한 후, [완료] 버튼을 클릭하면 프로필 사진이 올라갑니다.

1.10 카카오 스토리 배경 설정하기

카카오 스토리의 배경을 변경하는 방법을 알아보겠습니다.

1 [내스토리]에서 배경으로 설정된 곳을 클릭합니다.

2 그러면 프로필 설정과 같은 세 가지 메뉴가 나옵니다. 이후의 진행은 프로필 사진 변경과 동일합니다. 원하는 항목을 선택한 후, 배경으로 설정할 사진을 선택합니다.

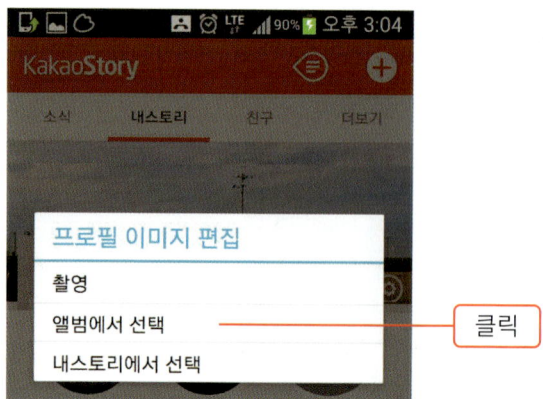

3 아래는 프로필과 같은 사진을 배경으로 선택한 결과입니다.

1.11 카카오 스토리 한줄 프로필 설정하기

카카오 스토리 한줄 프로필은 타인에게 자신을 소개할 수 있는 공간입니다. 자신을 잘 표현해 주는 간단한 소개가 중요합니다.

1 [내스토리]에서 톱니바퀴처럼 생긴 아이콘(◎)을 클릭합니다.

2 나타나는 메뉴 중 [내 프로필 편집]을 클릭합니다.

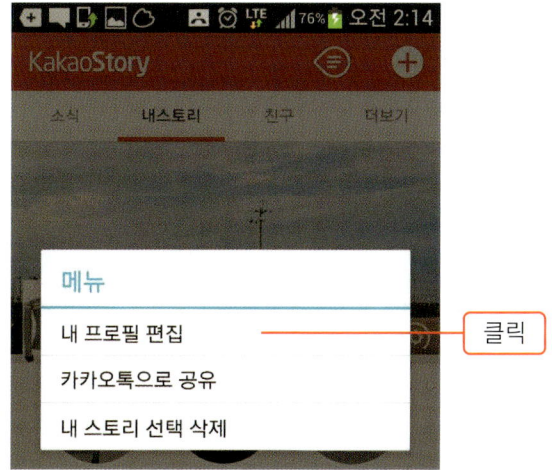

3 [한줄 소개]를 클릭한 후, [글로 설정하기] 버튼을 클릭합니다.

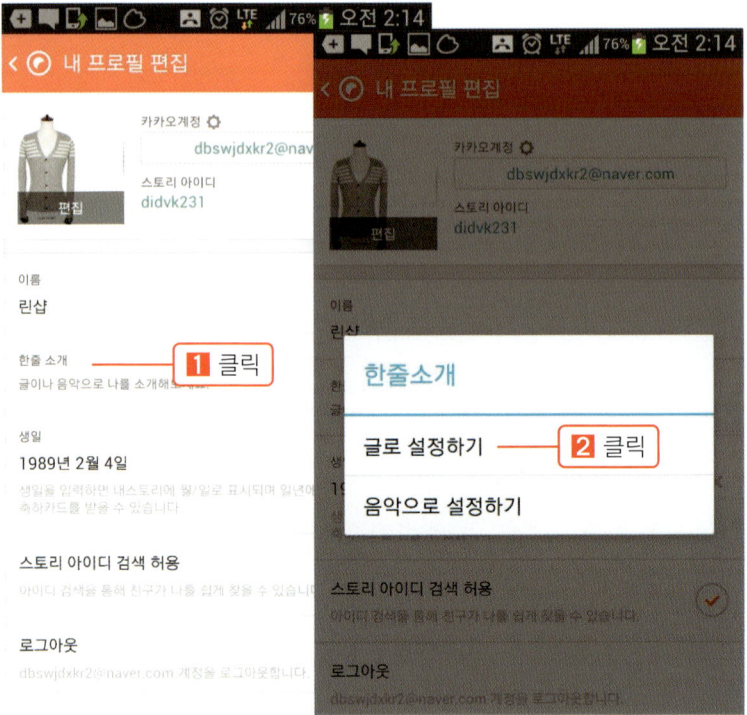

4 한줄 프로필로 설정할 문구를 입력합니다.(최대 20자까지 입력할 수 있습니다.)

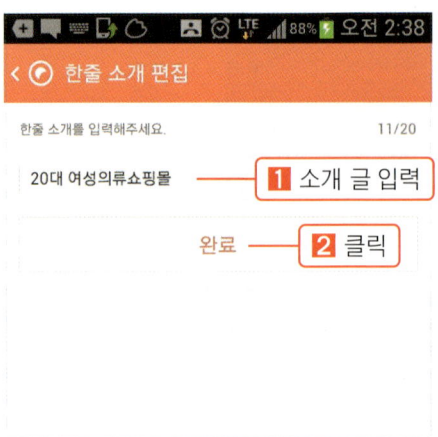

5 한줄 프로필이 아래처럼 설정됩니다.

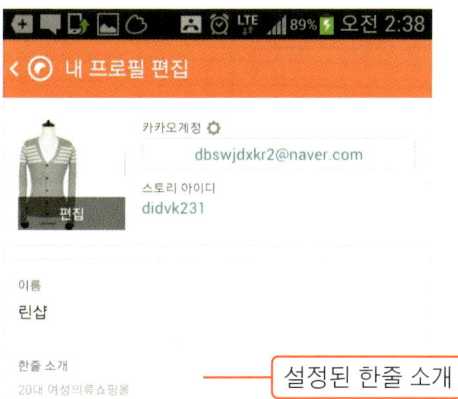

1.12 카카오 스토리의 고객 댓글 및 느낌 확인하기

고객이 내 카카오 스토리에 댓글을 달면 푸시 알람이 뜨지만 바로 확인이 불가능할 때가 있습니다. 그럴 때 지난 댓글 및 느낌을 확인하는 방법을 살펴보겠습니다.

1 카카오 스토리의 [내 스토리] 플러스 사진 옆에 있는 댓글( ) 버튼을 클릭합니다.

2 클릭을 하면 누가 나의 글에 댓글을 달았고, 누가 공유를 했는지 확인이 가능합니다.

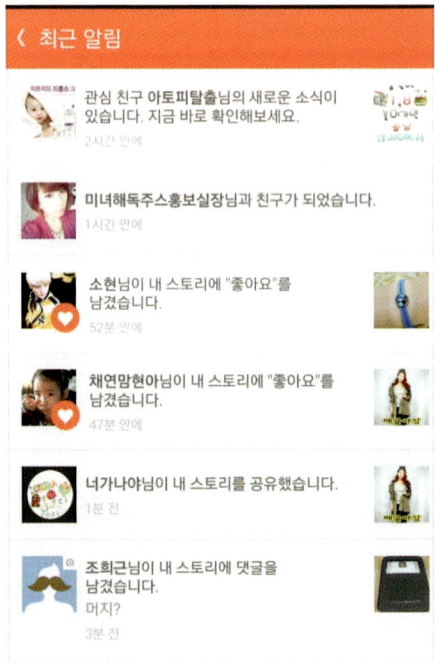

2 스토리 채널

　스토리 채널은 카카오에서 2014년 9월 16일에 나온 기업 전용 플랫폼으로 기존 스토리 플러스에서 스토리 채널로 명칭이 변경되었습니다.

　누구나 개설이 가능하며 한 카카오 계정으로 3개까지 스토리 채널이 가능합니다. 하나의 스토리 채널에 매니저를 4명까지 둘 수 있으며, 또 카카오 운영 플랫폼인 옐로 아이디와 연동하면 스토리 채널 운영자와 1:1 대화가 가능합니다.

많은 분들이 카카오 스토리와 스토리 채널의 차이점에 대하여 궁금해 할 것으로 생각합니다. 밑에 표에서 그 차이점을 확인해 보겠습니다.

2.1 카카오 스토리와 스토리 채널의 차이점

	카카오 스토리	스토리 채널
친구 수	1000명 제한	무제한
전달력(푸시 알림)	×	3번
분석력(통계)	×	통계 나옴
PC 지원	○	○
친구 신청	가능	불가능
매니저 위임	불가능	4명까지 가능

■ 스토리 채널 공지 사항

1. 기존 스토리 플러스에서 스토리 채널로 이름이 바뀝니다.

다양한 주제, 특별한 이야기로 많은 사람들을 만날 수 있는 스토리 채널로 변경됩니다.

- 비즈 계정 등록 절차(사업자등록증 등록 및 검수)가 생략됩니다.
- 별도 검수 없이 누구나 개설할 수 있습니다.
  * 단, 신규 개설은 정식 오픈인 2014년 9월 16일부터 가능합니다.
  * 이미 등록된 비즈 계정에서 탈퇴할 필요는 없습니다.

2. 스토리와 스토리 채널을 하나의 계정으로 이용할 수 있습니다.

스토리 앱과 웹에서는 나의 일상을, 스토리 채널 앱과 웹에서는 나의 관심 주제를 이야기 해보세요.

- 기존 스토리 채널을 운영했던 카카오 계정으로 스토리에 가입하여야 합니다.(필수)
- 스토리 채널 전용 앱이 제공됩니다.

- 하나의 카카오 계정으로 스토리 웹/앱, 스토리 채널 웹/앱을 편리하게 이용할 수 있습니다.

3. 매니저를 초대해서 함께 운영할 수 있습니다.

하나의 계정으로 운영, 관리하기 힘드셨다면 주목! 스토리 친구, 카카오톡 친구, 회사 동료들을 매니저로 초대해서 함께 운영할 수 있습니다.

- 초대 대상이 스토리 채널에 가입하면 매니저로 등록할 수 있습니다.
- 추가 매니저는 4개의 계정까지 등록 가능합니다.

4. 간단한 절차를 거쳐 동일하게 운영이 가능합니다.

아래 절차에 따라 스토리 채널 서비스를 이용해 보세요.

① 스토리 채널 웹 접속(storyplus.kakao.com 접속 시 새로운 URL로 연결됩니다.)
② 기존에 운영했던 카카오 계정으로 로그인
③ 카카오 스토리 프로필 입력
④ 스토리 채널 관리자 정보 확인
⑤ 스토리 채널 관리자로 운영 시작

※ 위의 글은 카카오톡의 공지 내용입니다.

■ **친구 수의 차이**

카카오 스토리와 스토리 채널의 차이점 중 첫 번째는 허용되는 친구 수입니다. 카카오 스토리는 친구가 1000명까지 가능하며 스토리 채널은 무제한으로 가능합니다.

Chapter 02 카카오 플랫폼 소개 및 가입하기 ◆ 41

친구 수의 차이가 몇 백이라면 상관없겠지만 그 회원 수에 차이가 많이 발생된다면 확연하게 유입률 및 전달력에 차이가 생기게 됩니다. 카카오 스토리와 스토리 채널의 친구 수를 확인해 보겠습니다.

1 아래는 카카오 스토리의 친구 수가 표시된 것입니다. 친구 수는 1000명까지 가능하지만 화면에는 324명만 친구로 등록된 모습입니다.

2 아래 그림은 회원 수가 18만 명을 넘어선 어느 스토리 채널의 모습입니다. 보는 것처럼 스토리 채널의 친구 수는 무제한입니다.

예로 든 회원 수 1000명인 곳과 7만 명인 곳에 상품을 홍보하면 어느 쪽이 효과적인 마케팅이 될까요? 당연히 후자입니다.

이것이 카카오 스토리보다 스토리 채널을 해야 되는 첫 번째 이유입니다.

■ 전달력의 차이

카카오 스토리보다 스토리 채널을 해야 되는 두 번째 이유는 전달력의 차이입니다. 카카오 스토리는 글을 올리면 알림이 안 뜨고, 스토리 채널은 글을 쓰면 알림이 뜹니다.

1 아래 화면은 스토리 채널에 글이 올라와서 푸시 알림이 뜬 모습입니다. 상단의 노란색 작은 아이콘이 스토리 채널의 알림이 전달된 것입니다.

2 아래는 스토리 채널의 글이 푸시 알림으로 전달된 모습입니다. '~의 새로운 소식이 있습니다.'라고 회원들에게 전달됩니다. 이 푸시 알림은 3개까지 밖에 전송되지 않으니 글의 비중을 고려해서 신중하게 작성하여야 합니다.

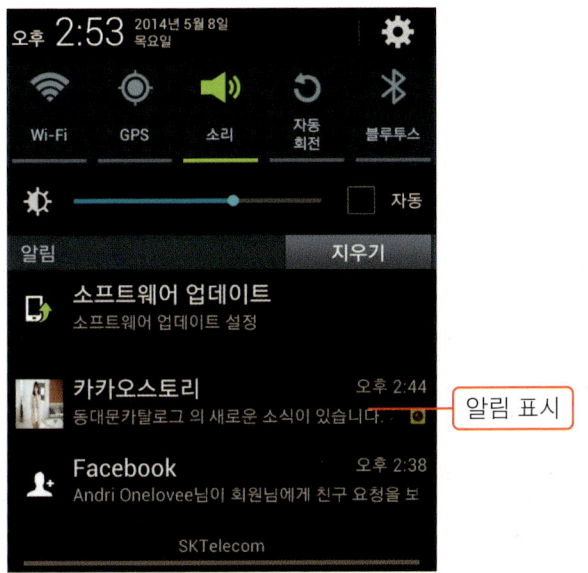

반면에 카카오 스토리는 글을 올려도 이 알림 자체가 아예 없습니다. 다만 글을 올릴 때 함께 하기 친구(필독) 기능을 사용하거나 회원이 관심 친구로 설정하면 알림이 전달됩니다.

■ 분석력의 차이

스토리 채널의 장점은 내 스토리에 몇 명이 방문했고 몇 명이 글을 남겼으며 또 느낌은 어떤 것이 얼마나 달렸는지를 확인 가능하다는 것입니다.

1 스토리 채널의 메인 화면에서 위에 이름 옆에 작은 세모 모양(▲)을 클릭하면 홈 설정 통계 고객센터가 나옵니다. 이곳에서 [통계] 버튼을 클릭합니다.

2 [통계] 버튼을 클릭하면 [주간 요약], [구독자], [활동 사용자], [방문 사용자]를 확인 가능합니다. [주간 요약]에서는 총 구독자 수 확인이 가능합니다.

3 [구독자] 탭에서는 날짜별 구독자 증가 및 감소 수치 확인이 가능합니다.

11월 15일	8,794	260	38	▲ 222
11월 14일	8,572	236	21	▲ 215
11월 13일	8,357	263	35	▲ 228
11월 12일	8,129	296	33	▲ 263
11월 11일	7,866	221	14	▲ 207
11월 10일	7,659	314	35	▲ 279
11월 09일	7,380	392	45	▲ 347
11월 08일	7,033	377	45	▲ 332

4 [활동 사용자] 화면에서는 날짜별로 댓글, 느낌, 공유 수가 얼마나 되었는지 확인이 가능합니다.

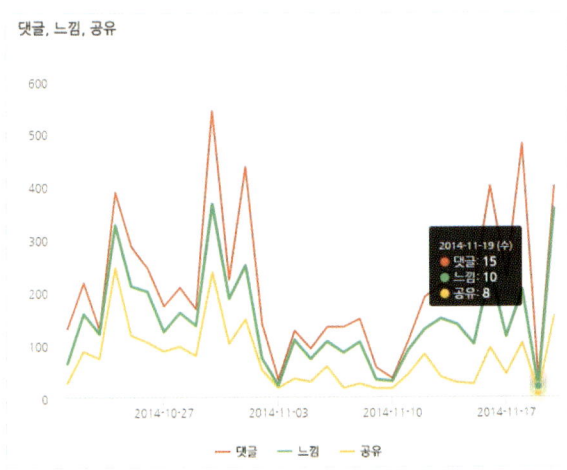

5 [방문 사용자] 화면에서는 하루 방문자 및 게시글 조회 수 확인이 가능합니다.

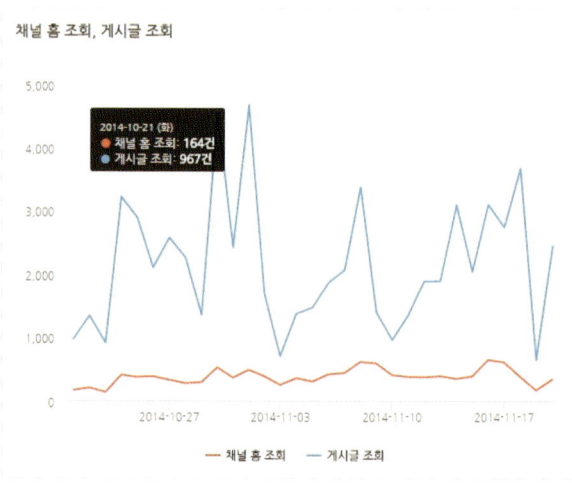

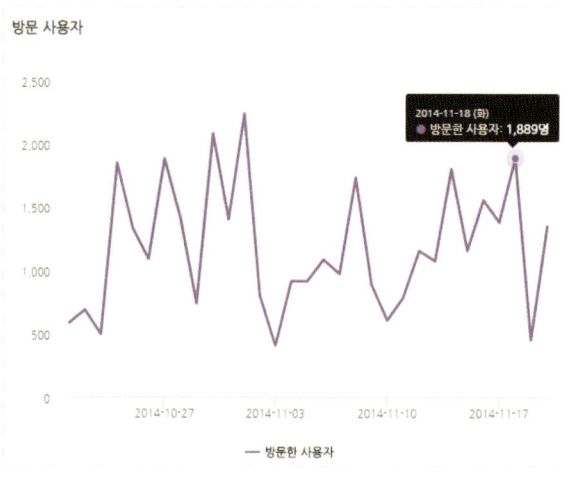

Chapter 02 카카오 플랫폼 소개 및 가입하기 ◆ 47

2.2 스토리 채널 가입하기

1 웹 브라우저에서 https://ch.kakao.com/login에 접속합니다. 네이버에서 스토리 채널을 검색해서 들어갈 수도 있습니다.

2 [카카오 계정으로 로그인] 버튼을 클릭합니다.

3 여기서 기존 카카오 계정이 있다면 계정을 입력하고, 없다면 계정을 새로 만들어야 됩니다. 책에서는 카카오 계정을 만드는 과정으로 안내하겠습니다. 카카오 계정을 새롭게 만들려면 [회원가입]을 클릭합니다.

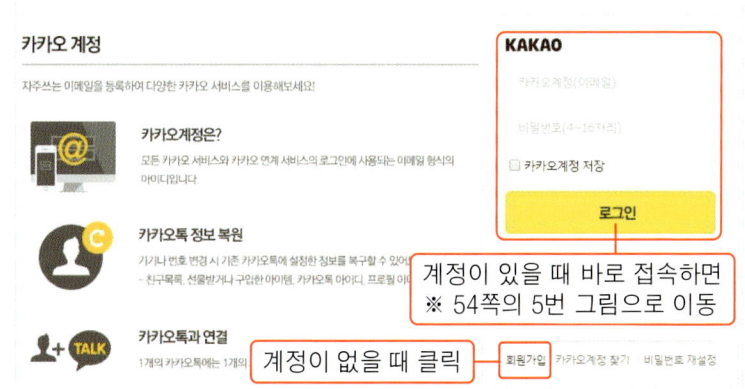

4 모든 약관에 체크하여 동의하고 [다음] 버튼을 클릭합니다.

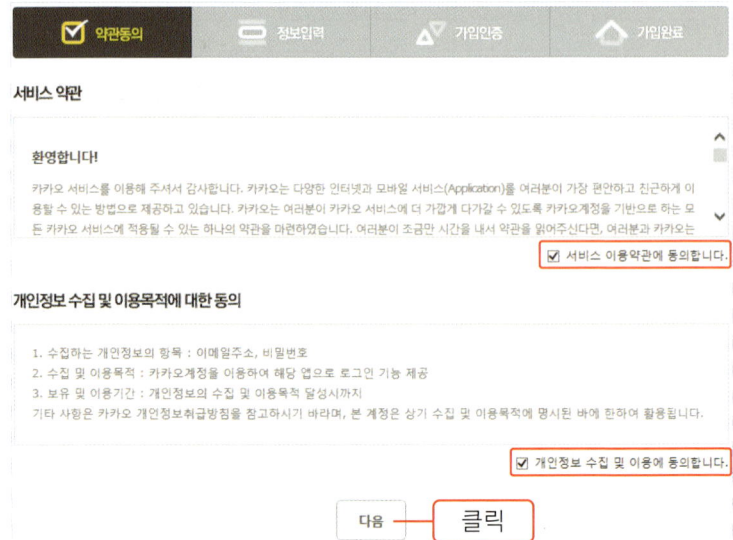

5 카카오 계정으로 사용할 이메일 주소와 비밀번호를 입력하고, [다음] 버튼을 클릭합니다.

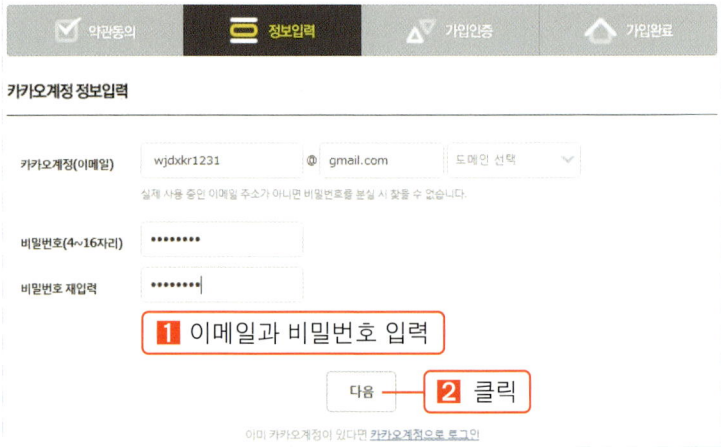

Chapter 02 카카오 플랫폼 소개 및 가입하기 ◆ 49

6 아래와 같은 화면이 나타나면 [다음] 버튼을 누르지 말고 앞 단계에서 입력한 이메일로 가서 인증을 해줘야 합니다. 잠시 이 화면을 그대로 둡니다.

7 웹 브라우저에서 [파일]-[새 탭]이나 키보드 Ctrl+T를 눌러 5번 단계에서 입력한 이메일 사이트로 이동한 후, 해당 메일을 열어 [이메일 주소를 인증합니다.]를 클릭해줍니다.

8 이메일 주소가 인증되면 등록 완료 화면이 나타납니다.

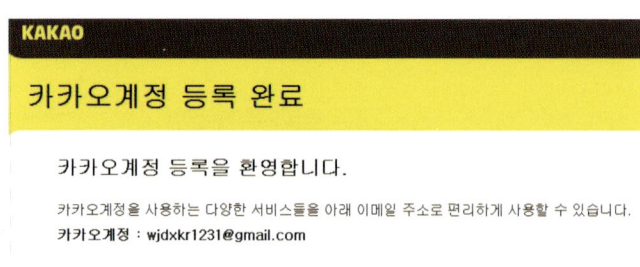

9 다시 카카오 계정 만들기 화면으로 돌아와서 [다음] 버튼을 누른 후, 환영 메시지에서 [확인]을 클릭합니다.

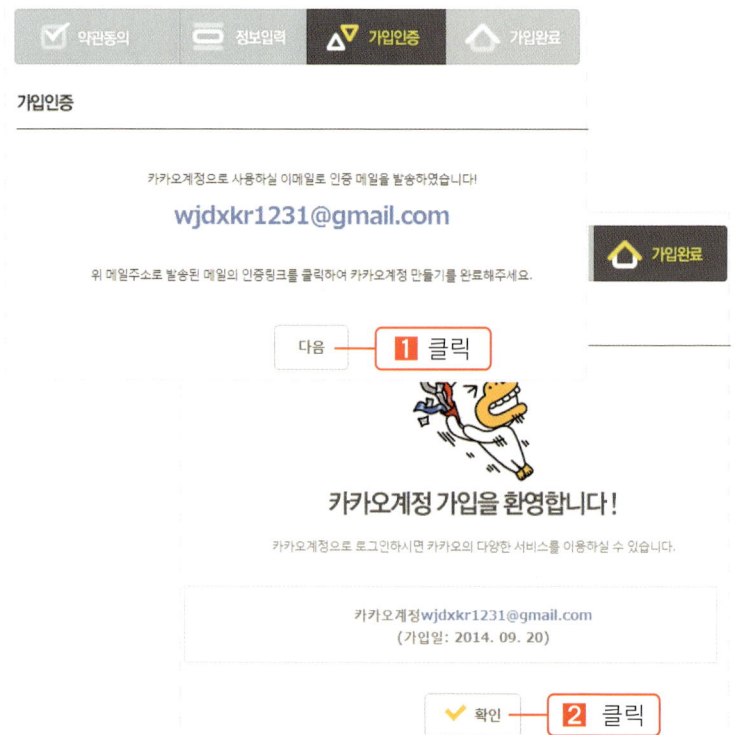

10 작업이 완료되면 스토리 채널을 시작할 수 있습니다. [스토리 채널 시작하기]를 클릭합니다.

2.3 스토리 채널 기본 설정하기

1 이어서 계속 [스토리 채널 시작하기] 버튼을 누르면 아래와 같이 스토리 프로필 만들기 버튼이 나옵니다. 여기서 관리자 이름, 생년월일을 입력하고 [확인] 버튼을 클릭합니다.

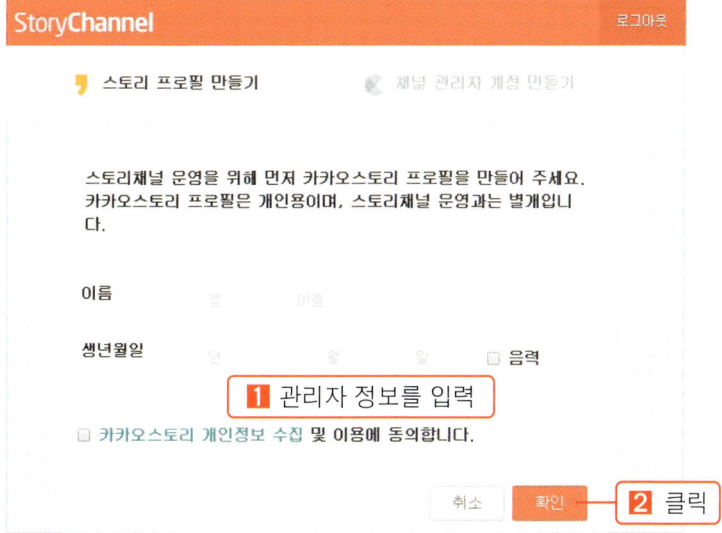

2 이제 운영할 스토리 채널명(관리자 이름이 아닙니다.)을 설정할 수 있습니다. 운영할 스토리 채널 이름, 휴대폰 번호를 입력하여 [인증번호 받기]를 눌러 휴대폰으로 전송된 인증번호를 입력한 후, 인증 약관에 동의하고 [가입] 버튼을 클릭합니다.

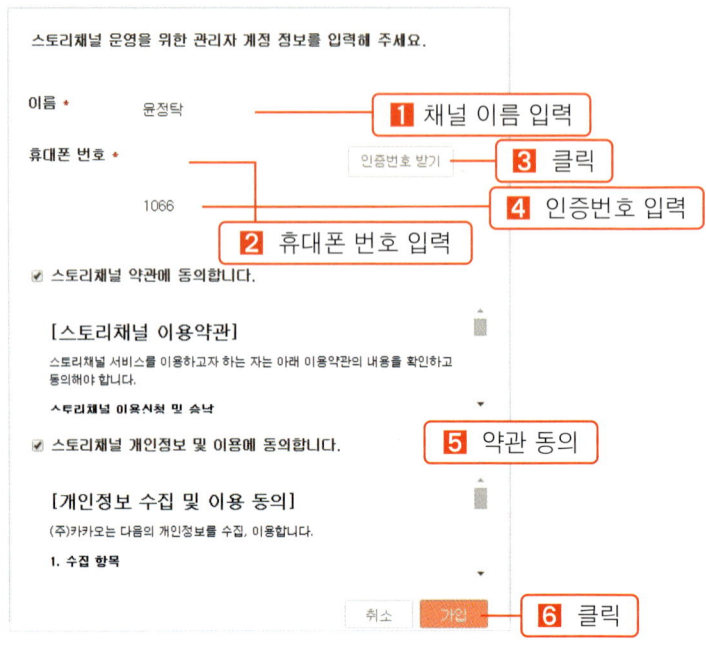

3 스토리 채널을 개설할 수 있는 화면이 나오면 [새 스토리 채널 만들기] 버튼을 클릭합니다. 한 카카오 계정 당 3개까지 스토리 채널 개설이 가능합니다.

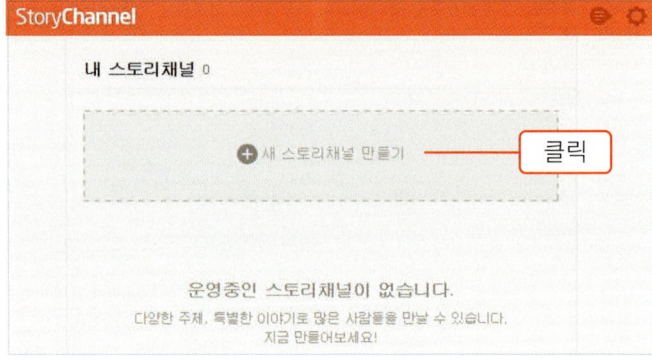

Chapter 02 카카오 플랫폼 소개 및 가입하기 ◆ 53

4 운영할 스토리 채널의 정보를 입력하고 [확인]을 누릅니다.

- 채널 이름: 운영할 스토리 채널 이름입니다. 이 이름으로 검색이 되지는 않으며, 15자 이내로 설정이 가능합니다.
- 채널 아이디: 채널을 홍보할 수 있는 URL 및 검색 아이디를 설정할 수 있습니다. 한글로는 설정이 안 되며 영문 숫자 15자 이내로 설정이 가능합니다.
- 한줄 소개: 스토리 채널의 소개 문구를 입력합니다.
- 카테고리: 검색에 노출될 카테고리를 설정할 수 있습니다.
- 기타: 운영하는 웹사이트 주소 및 사업장 소재지 정보를 입력할 수 있습니다.
- 카카오 계정 연결: 고객과 대화할 수 있는 옐로 아이디를 연결시킬 수 있습니다.

◆ 대박 매출로 이끌어 주는 카카오 스토리 마케팅

> **참고하세요!** **스토리 채널 이름**
> 채널 이름은 3번까지 변경 가능하지만, 아이디는 변경이 불가능합니다.

■ **옐로 아이디 연결하는 법**

[카카오 계정 연결]을 클릭하고 계정을 입력하면 아래와 같이 운영 중인 옐로 아이디들이 나오게 됩니다. 연결할 옐로 아이디를 선택하고 [확인] 버튼을 클릭하면 연결이 완료됩니다.

5 이제 모든 단계가 끝나고 아래와 같이 스토리 채널이 개설되었습니다.

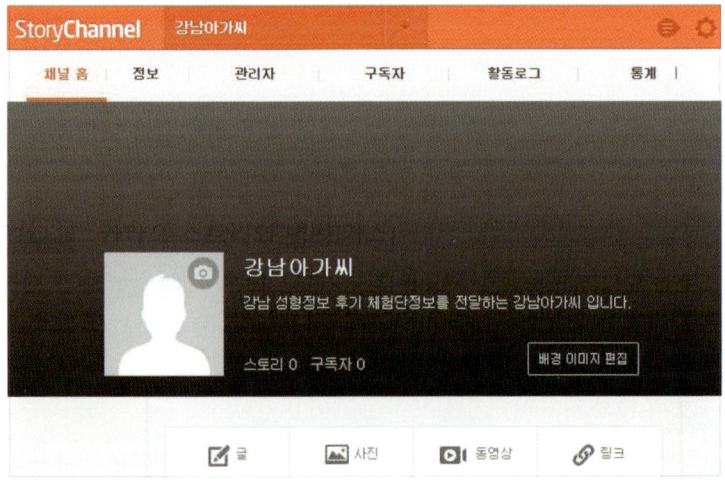

지금부터 스토리 채널에 대하여 상세하게 설명해 드리겠습니다.

2.4 스토리 채널 기능 설명

■ [채널 홈]

앞의 마지막 단계의 화면은 [스토리 채널]의 메인입니다. 프로필 배경 이미지 편집이 가능하며, 내 스토리에 올라온 글의 숫자랑 구독자의 숫자도 확인이 가능합니다. 스토리 항목은 내가 올린 글, 구독자는 내 스토리의 소식을 받는 사람의 수를 뜻합니다.

■ [정보]

스토리 채널 [정보] 탭에서는 스토리 채널에 대한 정보를 확인할 수 있으며, 스토리 채널의 이름 변경 신청이 가능합니다.

[정보] 탭에서 [변경 신청]을 눌러 아래 화면에서 새로운 스토리 채널의 이름을 입력하고 [변경 신청]을 누르면 요청이 완료됩니다. 단, 3번밖에 변경이 안 되니 변경할 때 주의해야 합니다.

[스토리 채널 이름 변경]

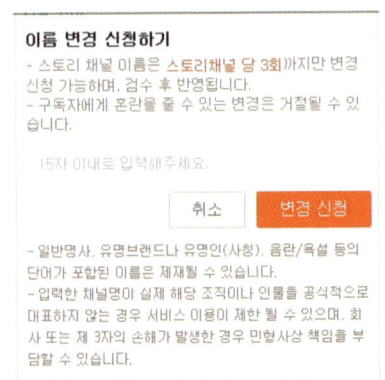

■ [관리자]

[관리자]에서는 스토리 채널 관리자를 초대할 수 있습니다. [매니저 초대] 버튼을 누르면 초대가 완료되며 매니저는 총 4명까지 가능합니다.

■ [구독자]

[구독자] 화면은 나의 스토리 채널의 소식을 받고 있는 회원 및 차단된 회원을 확인할 수 있습니다.

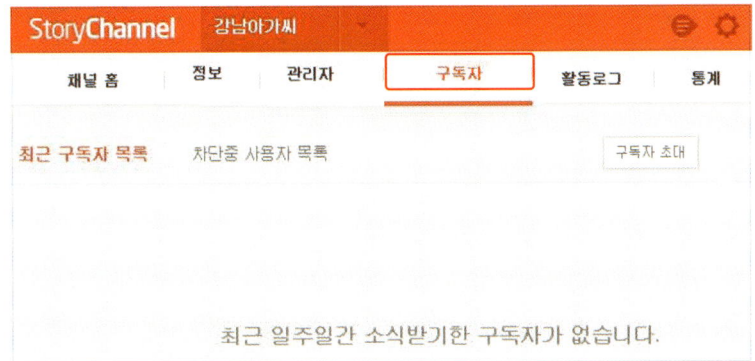

■ [활동 로그]

나의 스토리 채널에 댓글을 단 사람 그리고 관리자가 어떤 행동을 했는지 확인할 수 있는 공간입니다.

■ [통계]

통계에서는 나의 스토리 채널의 소식받기가 얼마나 증가하였고 감소를 하였는지가 확인 가능합니다.

Chapter 02 카카오 플랫폼 소개 및 가입하기 ◆ 59

■ **스토리 채널 프로필 설정**

[채널 홈]에서 사람 얼굴을 클릭하면 스토리 채널 프로필을 변경할 수 있고, [배경 이미지 편집]을 누르면 사진을 바꿀 수 있습니다.

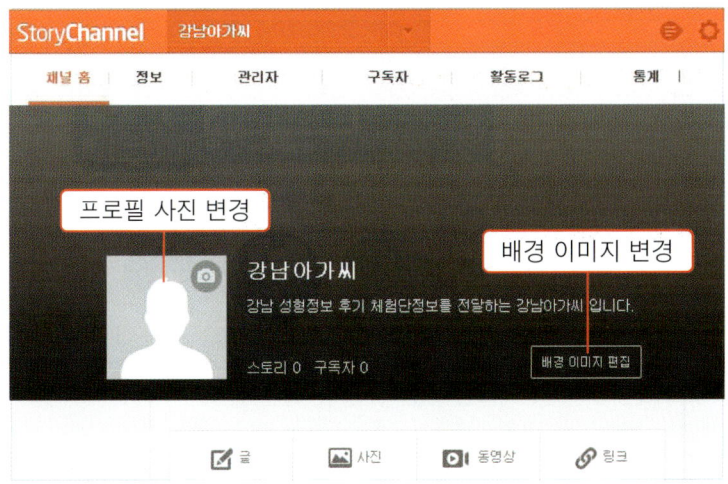

아래는 배경 화면이 바뀐 사진입니다. 프로필 사이즈는 640×640, 배경은 1024×350 사이즈로 맞추는 것이 좋습니다.

■ 스토리 채널 콘텐츠 업로드

스토리 채널 콘텐츠 업로드는 카카오 스토리 업로드와 똑같습니다. 다만 카카오 스토리는 30초지만, 스토리 채널은 1분 분량까지 업로드 할 수 있습니다.

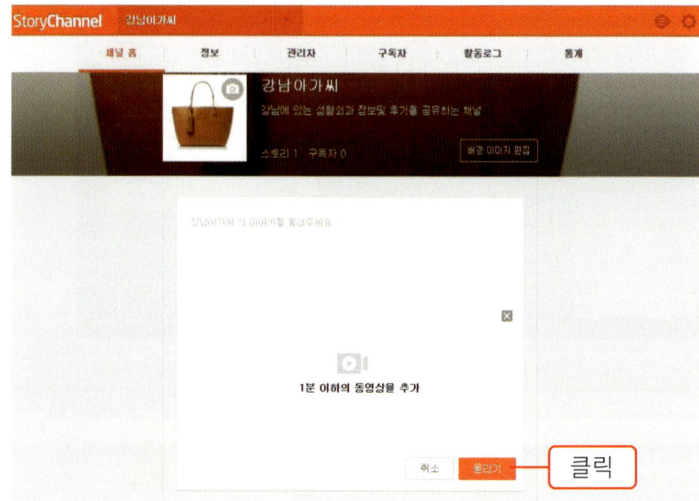

2.5 스토리 채널 추가로 만들기

스토리 채널은 한 카카오 계정으로 3개까지 만들 수 있어서 추가 개설이 가능합니다. 오른쪽 위에 톱니바퀴( ) 버튼을 누르고 [채널 만들기] 버튼을 클릭하면 추가 개설이 가능합니다.

■ 스토리 채널 제재 사항

[출처: 카카오 스토리 공지 사항]

3 옐로 아이디

3.1 옐로 아이디 소개

옐로 아이디는 카카오에서 나온 플랫폼으로 기업과 소비자가 1:1 대화를 할 수 있으며 기업의 메시지를 소비자에게 카톡으로 보낼 수 있습니다.(단, 메시지를 보낼 때 비용이 발생합니다.)

원래 이름은 비즈 프로필이었는데 옐로 아이디로 변경되었습니다. 미니홈피처럼 글과 사진을 올릴 수 있으며 소비자에게 카카오톡 친구 추천 칸에 노출을 시킬 수도 있습니다. 또 스토리 채널과 연동되어서 스토리 채널로 소비자를 모으고 옐로 아이디로 고객 상담까지 가능합니다. 옐로 아이디는 PC 및 어플에서 관리 가능합니다.

지금부터 옐로 아이디에 대하여 자세하게 설명하겠습니다.

3.2 옐로 아이디 가입 방법

옐로 아이디는 카카오 계정만 있으면 가입이 가능합니다.

> **참고하세요!** 스토리 채널과 옐로 아이디 연동
>
> 스토리 채널과 옐로 아이디를 연동시키려면 계정이 동일해야 합니다.

1 웹 브라우저에 https://yellowid.kakao.com/login을 입력하여 접속합니다. 또는 네이버에서 '옐로 아이디'를 검색하여 아래와 같은 사이트로 들어갑니다.

Chapter 02 카카오 플랫폼 소개 및 가입하기 ◆ 63

2 옐로 아이디 사이트에 접속하여 아래와 같은 화면이 나오면 [옐로 아이디 만들기] 버튼을 클릭합니다.

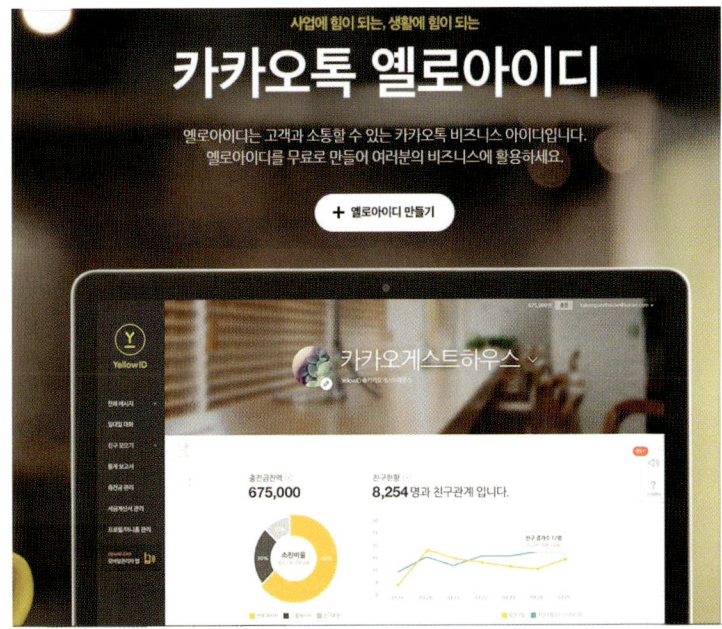

3 기존 카카오 계정이 없으면 [카카오 회원 가입하기] 클릭하여 진행하고, 카카오 계정이 있으면 [카카오 계정 로그인]을 클릭합니다.

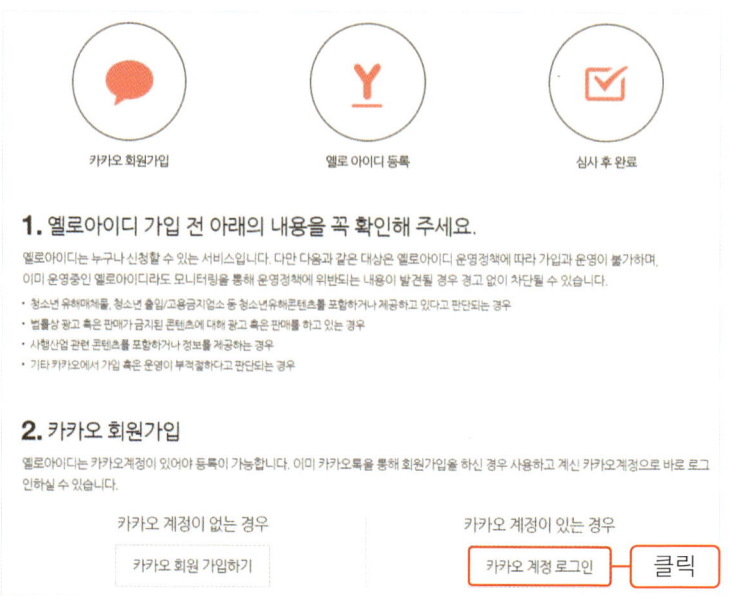

4 아래와 같은 화면이 나오면 자신이 가진 카카오 계정을 로그인합니다. 스토리 채널에 연결된 카카오 계정이나 카카오 스토리에 연결된 카카오 계정 전부 옐로 아이디 개설이 가능합니다. 단, 연동은 스토리 채널만 가능합니다.

Chapter 02 카카오 플랫폼 소개 및 가입하기 ◆ 65

5 아래와 같이 정보를 입력하는 칸이 나오면 자신이 사용할 옐로 아이디 이름 및 사진을 설정할 수 있습니다.

- 옐로 아이디명은 카카오톡 친구 리스트에서 보일 아이디(닉네임)입니다. (20자까지 설정 가능)
- 옐로 아이디는 사용자가 검색을 통해 찾을 수 있는 아이디입니다. (16자까지 설정 가능)   옐로 아이디 = 검색 아이디

참고하세요! 옐로 아이디명과 옐로 아이디 정책

옐로 아이디명(직접 노출되는 이름)을 '카마모'로 설정하였고, 검색에 사용되는 옐로 아이디는 '@카마모'로 설정하였습니다. 옐로 아이디 앞에는 반드시 @를 붙여야 됩니다.
※ 옐로 아이디 앞에 @를 붙이는 것은 카카오의 정책입니다.

■ 옐로 아이디 명과 옐로 아이디의 차이점

옐로 아이디명(닉네임)은 고객에게 노출되는 이름입니다.

옆 화면은 카카오톡 메인 화면입니다. 화면에 플러스 친구라는 곳에 보이는 이름을 설정하는 것이 옐로 아이디명입니다.

옐로 아이디는 카카오톡 메인 화면의 친구 찾기 화면에서 아이디를 클릭했을 때 고객들이 검색할 수 있게 설정하는 것입니다.

아래 화면처럼 고객은 아이디 검색을 통해 옐로 아이디를 찾을 수 있습니다.

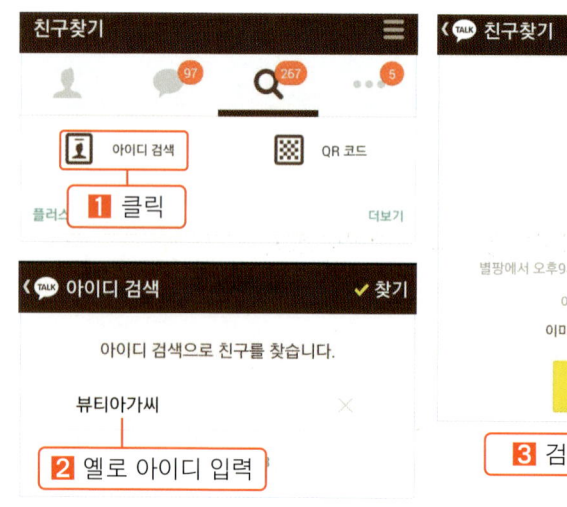

6 아이디 설정이 끝났으면 프로필 설정으로 넘어갑니다. 프로필 사진은 고객이 검색하였을 때 보이는 사진이며, 프로필 사진 권장 사이즈는 640×640, 배경 사진 권장 사이즈는 720×835입니다. jpg와 png 파일 형식을 지원합니다. 소개 메시지는 고객이 옐로 아이디에 들어왔을 때 나타나는 메시지로, 보통 회사 소개를 입력합니다.

참고하세요! 고객이 옐로 아이디 친구를 맺을 때 프로필/배경 사진은 어디에 보이는 건가요?

고객이 옐로 아이디를 검색했을 때 배경 사진은 위에 큰 사진, 아래 작은 사진은 프로필 사진입니다. 친구 숫자(5,480명) 아래에 있는 글이 소개 메시지에서 설정한 글입니다.

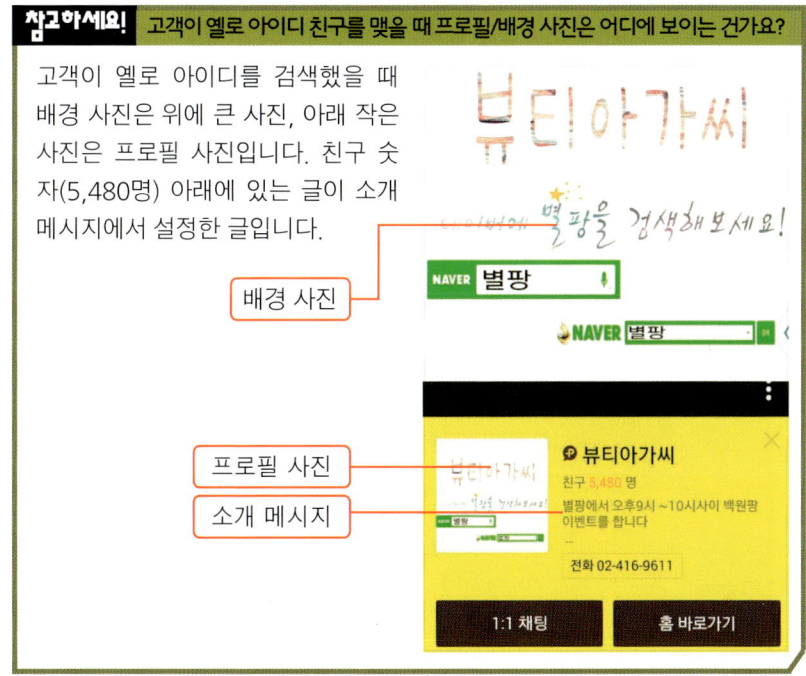

7 프로필 사진을 설정하였으면 다음은 고객이 친구를 맺었을 때 전송되는 친구 추가 감사 메시지를 설정합니다. 친구 추가 감사 메시지는 200자까지 설정이 가능합니다.

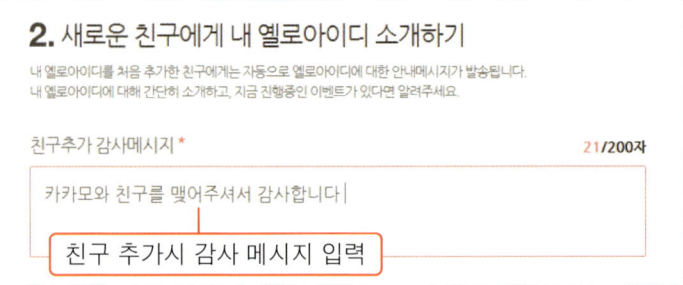

참고하세요! 친구 추가 감사 메시지는 옐로 아이디의 어디에 보이나요?

아래 좌측 그림에서 노란색( ) 버튼을 누르면 옐로 아이디와 친구를 맺을 수 있습니다. 친구를 맺으면 우측과 같은 메시지가 나오게 됩니다. 친구 추가를 했을 때 자동으로 고객한테 전달되는 메시지가 친구 추가 감사 메시지입니다.

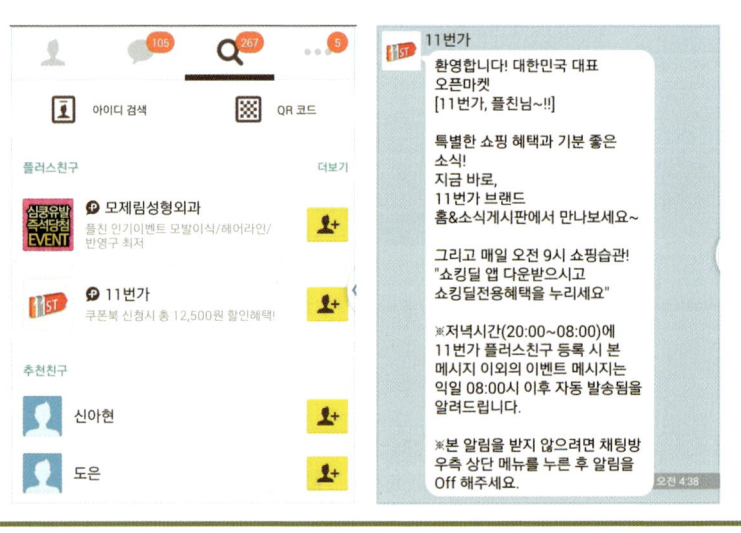

8 다음은 옐로 아이디의 홈페이지와 주소, 전화번호를 입력합니다.

9 마지막으로 옐로 아이디가 개설이 되었을 때 알림을 받을 핸드폰 번호를 입력하고 [심사 요청]을 하면 옐로 아이디 개설 요청이 완료됩니다. 보통 심사 기간(3~7일)이 지나면 개설이 완료됩니다.

3.3 옐로 아이디 사용 방법

옐로 아이디 개설 요청을 해서 완료가 되면 이제 옐로 아이디를 사용할 수 있습니다. 옐로 아이디 사용 방법에 대해 살펴보겠습니다.

 네이버에서 [옐로 아이디]를 검색하거나 아래 링크를 클릭합니다.

 옐로 아이디로 들어가서 오른쪽 위에 [옐로 아이디 관리] 버튼을 클릭합니다.

Chapter 02 카카오 플랫폼 소개 및 가입하기 ◆ 71

3 로그인 화면이 나오면 여기서 카카오 계정을 입력합니다.

4 옐로 아이디를 실행했을 때 가장 먼저 보이는 첫 화면입니다. 가장 왼쪽 위에 있는 [전체 메시지]를 클릭해 보겠습니다.

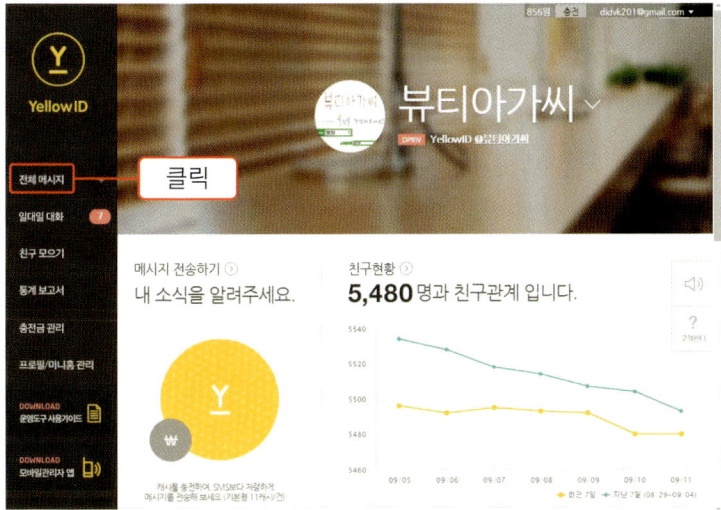

5 옐로 아이디는 친구를 맺은 사람들에게 카톡 메시지를 전송할 수 있으며 메시지의 종류는 앨범형과 쿠폰형으로 나누어져 있습니다. 옐로 아이디 메시지를 보낼 때 비용이 들게 되며 기본형은 11 캐시, 이미지 앨범형은 44 캐시, 쿠폰형은 110 캐시가 소요됩니다.

6 아래는 [기본형] 메시지를 보내는 화면입니다.

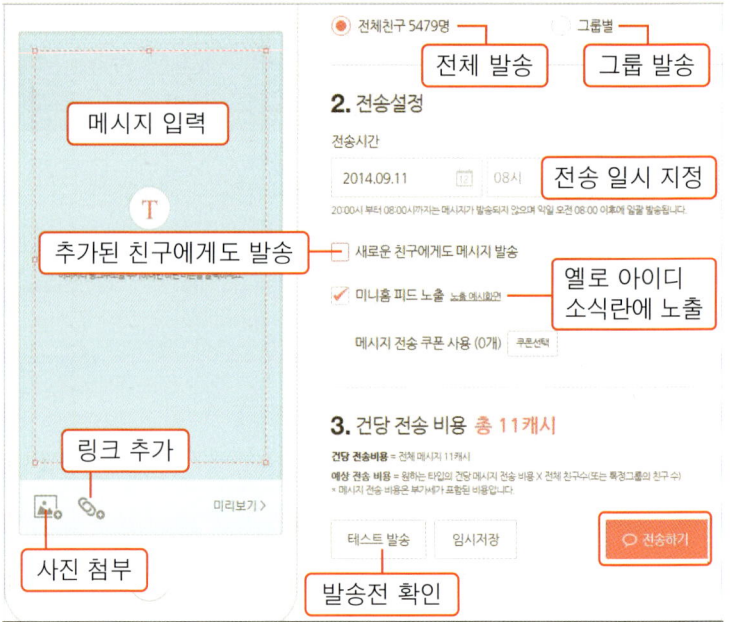

Chapter 02 카카오 플랫폼 소개 및 가입하기 ◆ 73

> **참고하세요!** 옐로 아이디에서 메시지를 보낼 때 링크 추가하기
>
> [링크 버튼 이름]을 입력하고 메시지와 함께 전달하고 싶은 링크를 [링크 주소]에 입력합니다. 그리고 [연결확인]을 누르고 [적용] 버튼을 누르면 설정이 완료됩니다.

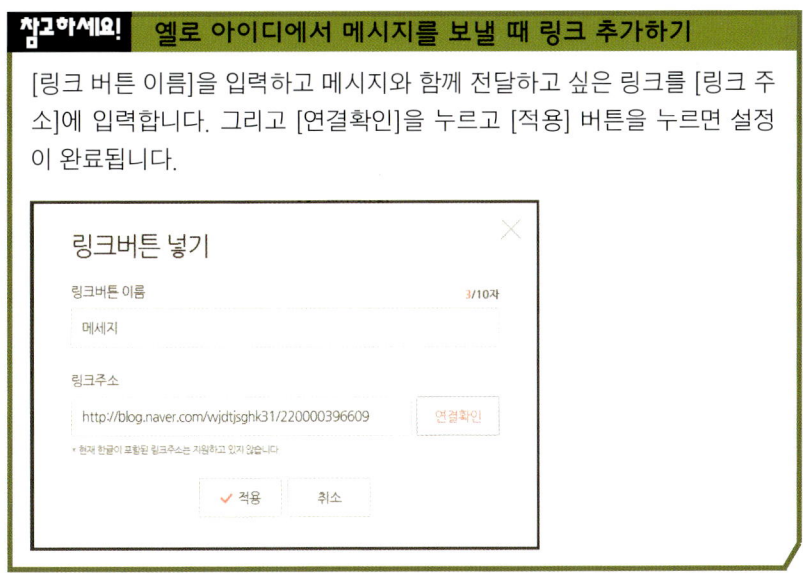

7 아래는 [이미지 앨범형]으로 메시지를 보내는 화면입니다. 기본형이랑 똑같지만 다른 점은 메시지를 보낼 때 이미지 추가가 가능합니다. 아래 화면에서 이미지 추가 버튼을 클릭합니다. 이미지 권장 사이즈는 1000px × 1000px, 최대 10MB, jpg와 png 파일을 지원합니다.

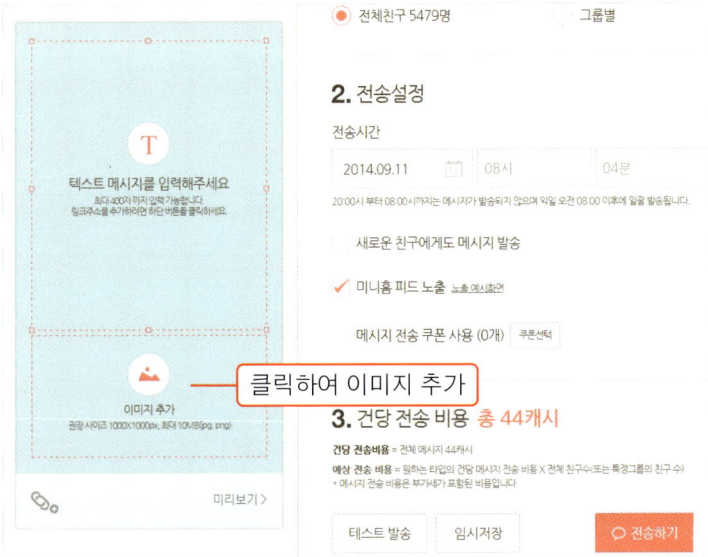

◆ 대박 매출로 이끌어 주는 **카카오 스토리 마케팅**

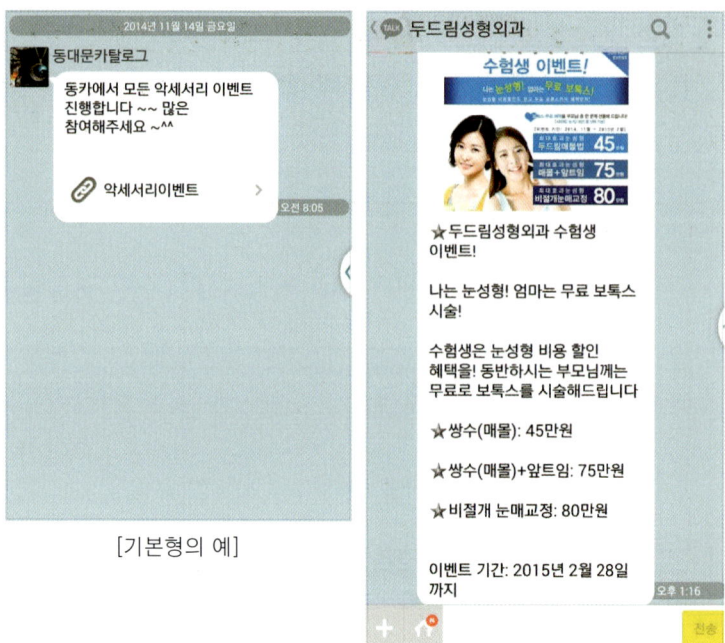

[기본형의 예]   [이미지 앨범형의 예]

8 [쿠폰형]은 이벤트 메시지를 고객한테 보낼 때 사용하기 좋습니다.

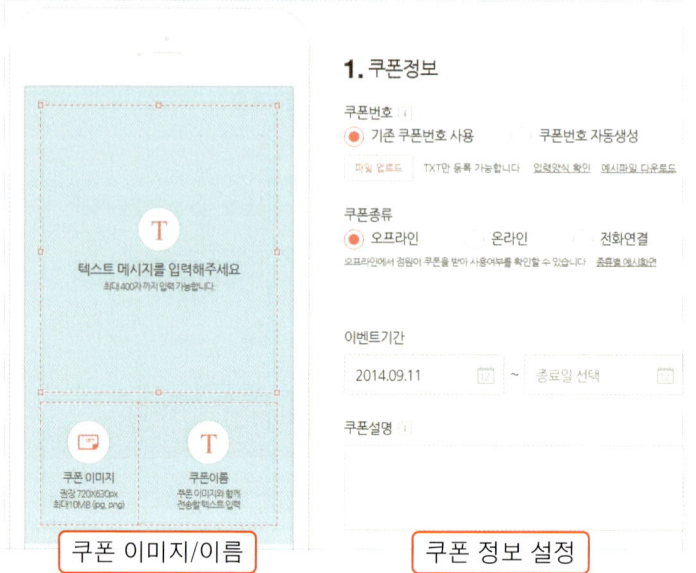

쿠폰 이미지/이름   쿠폰 정보 설정

9 [보낸 메시지]를 클릭하면 보낸 메시지들과 몇 명에게 전송됐는지까지 확인 가능합니다.

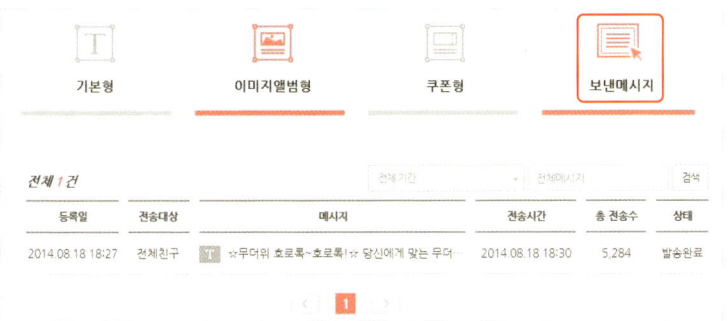

3.4 친구 그룹 관리 설정

[전체 메시지] 아래 버튼을 클릭하면 [친구 그룹 관리]라는 화면으로 들어갈 수 있습니다. [친구 그룹 관리]는 메시지를 특정 타깃한테 보내기 위해 설정하는 공간입니다. 그룹은 [그룹 만들기]라는 버튼을 통해 생성 가능합니다.

■ 그룹 만들기

1 [그룹 만들기] 버튼을 클릭합니다.

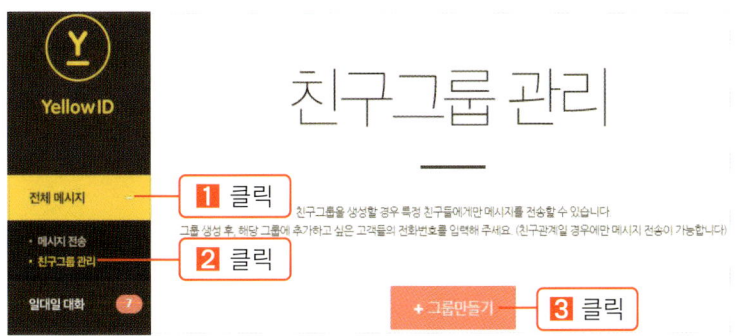

2 나타나는 화면에서 그룹 이름과 설명을 입력하고 [추가] 버튼을 클릭합니다.

3 가장 위의 화면에는 최근에 설정한 그룹이 보입니다. [추가] 버튼을 클릭하면 그룹에 전화번호를 추가할 수 있습니다.

4 아래 화면이 나타나면 여기서 전화번호를 입력하고 [추가] 버튼을 클릭하면 나의 그룹에 추가가 됩니다.

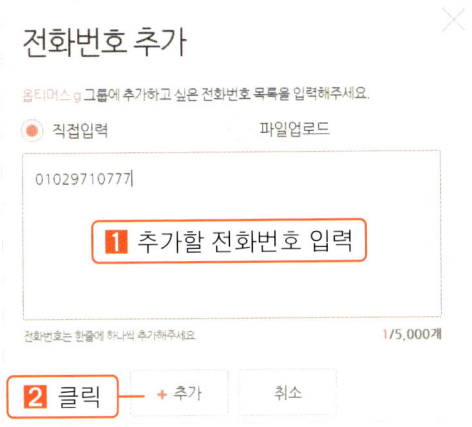

5 등록이 성공되면 왼쪽 화면처럼 [등록 성공]이라고 나타나고, 만약 등록이 실패했다면 오른쪽 화면처럼 [등록실패]라고 나타납니다.

■ 그룹 삭제하기

1 삭제를 원하는 그룹을 선택하고 오른쪽 칸에 [삭제] 버튼을 클릭합니다.

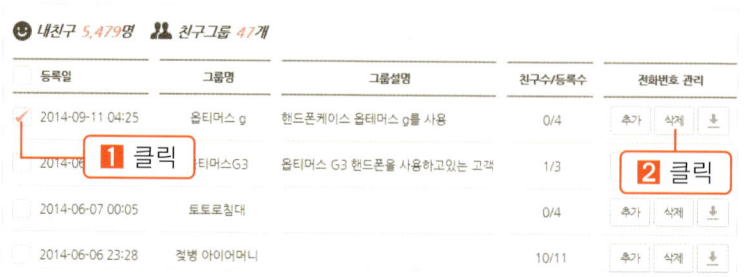

2 그룹에서 삭제하고 싶은 전화번호를 한 줄로 입력합니다.(최대 1000개까지 가능) 그리고 [삭제] 버튼을 클릭하면 완료됩니다.

3.5 옐로 아이디 1:1 대화

옐로 아이디의 가장 큰 장점은 1:1 대화에 있습니다.

아래 그림처럼 고객과 1:1 대화를 할 수가 있습니다. 지금은 채팅방이 OFF 상태로 되어 있는데 톱니바퀴(⚙) 버튼을 클릭하면 채팅방을 활성화 시킬 수 있으며 고객 상담 채팅방 상담 시간도 설정이 가능합니다.

톱니바퀴(⚙) 버튼을 클릭하면 아래와 같은 화면이 나옵니다. 상태가 OFF로 되어 있는데 ON으로 바꾸면 원하는 고객 상담 시간을 설정할 수 있습니다.

■ 옐로 아이디 1:1 대화에서 친구 차단하기

아래 화면에서 왼쪽에 윗부분에 [친구 차단] 버튼을 클릭하면 차단이 가능합니다.

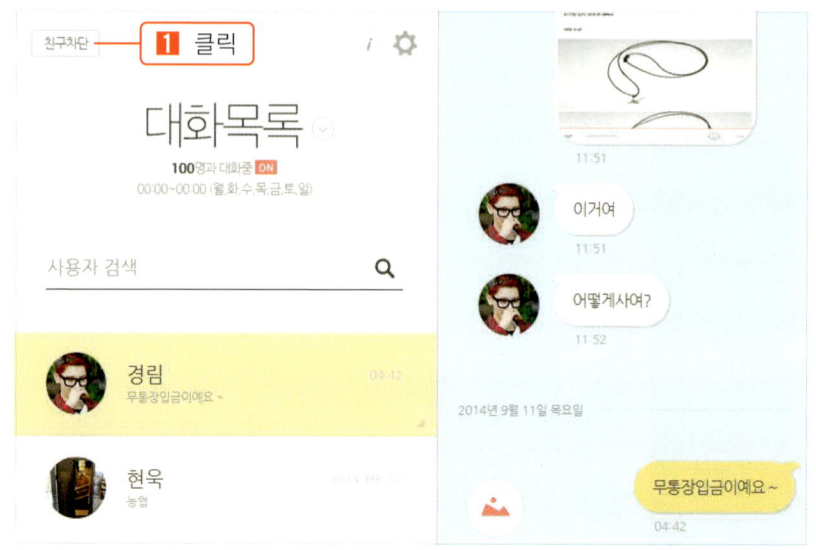

[친구 차단] 버튼을 눌러, 차단하고 싶은 친구의 전화번호를 입력하고 [차단하기]를 누르면 됩니다.

3.6 옐로 아이디 친구 모으기

옐로 아이디에서 친구를 모으는 방법을 여러 가지가 있습니다.

아래 화면에서처럼 [친구 모으기]에서 [친구 추천 광고 구매], [친구 추가 홍보 도구], [친구 추가 링크], [친구 추가 QR 코드]를 통해서 옐로 아이디 친구를 증가시킬 수 있습니다.

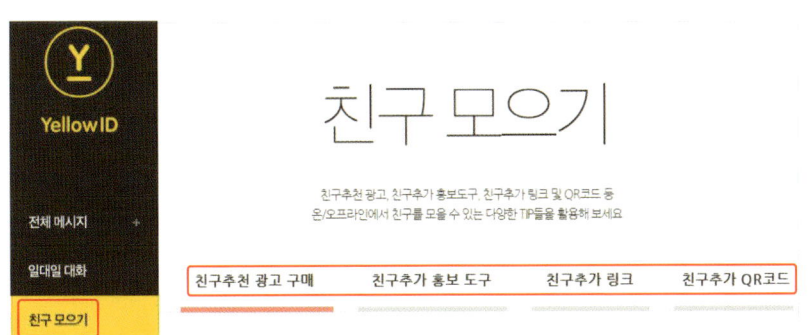

■ [친구 추천 광고 구매]

[친구 추천 광고 구매]는 카카오에 광고비를 지불해서 노출을 시키는 방법입니다. 입찰가를 높게 잡을수록 노출이 잘되며 충전한 금액만큼 카카오 화면에 노출이 됩니다. 비용은 친구 추가가 완료됐을 때마다 한 명 당 설정한 입찰가만큼 차감됩니다.

[친구 추천 광고 구매]를 진행하면 플러스 친구 칸에 노출이 됩니다. 충전 비용이 전부 소진되면 노출은 중지됩니다.

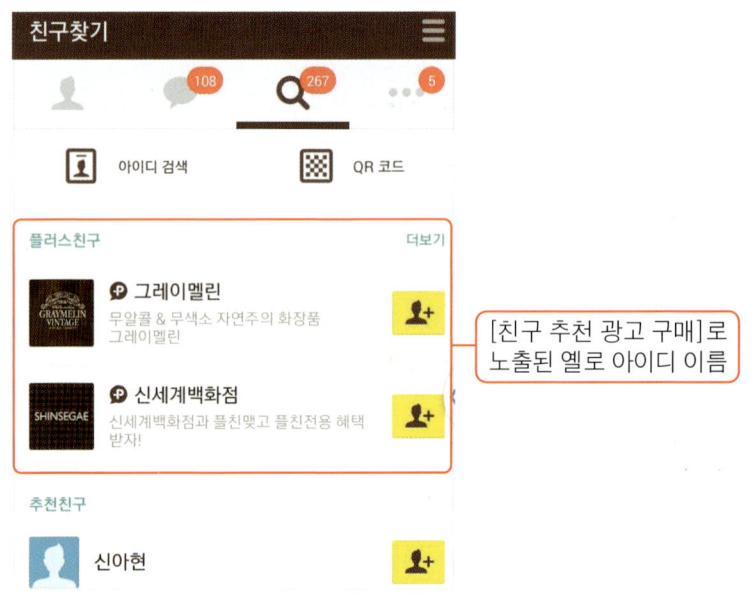

고객이 친구 추가( )를 누른 순간 노출에 설정한 입찰가의 금액이 차감됩니다.

■ [친구 추가 홍보 도구]

옐로 아이디에 친구를 증가시키는 가장 좋은 방법은 고객과의 접점에서 옐로 아이디를 초대한 많이 노출시키는 방법입니다. 옐로 아이디는 [친구 추가 홍보 도구]를 지원해 친구를 모으는 것을 도와줍니다. [친구 모으기]에서 [친구 추가 홍보 도구]를 눌러 [친구 추가 홍보 도구 다운받기]를 누르면 옐로 아이디를 알릴 툴들을 다운받을 수 있습니다

■ [친구 추가 링크]

[친구 모으기]의 [친구 추가 링크]를 통해서도 옐로 아이디를 홍보할 수 있습니다. 아래와 같이 옐로 아이디로 링크를 설정해서 친구 수를 증가시킬 수 있습니다.

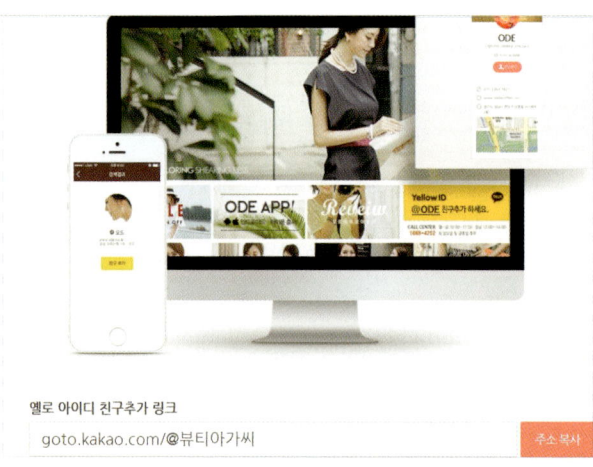

Chapter 02 카카오 플랫폼 소개 및 가입하기 ◆ 85

■ [친구 추가 QR 코드]

QR 코드를 통해서도 옐로 아이디 친구를 모을 수 있습니다.

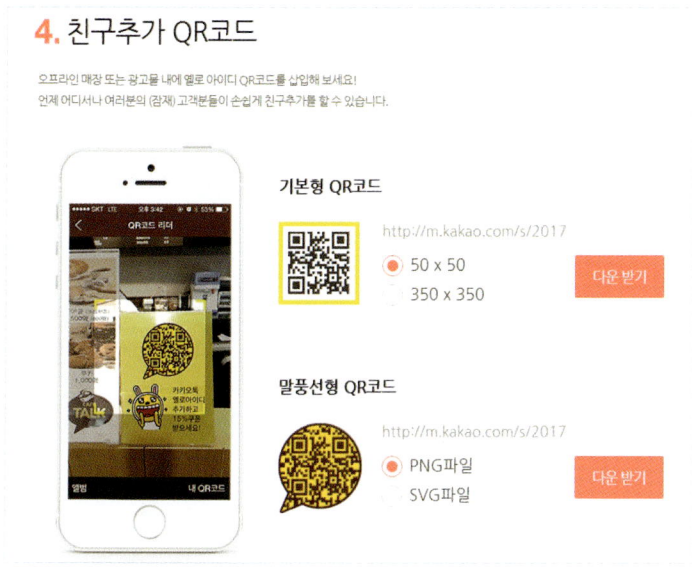

3.7 통계 보고서

옐로 아이디 통계 보고서에는 [친구 수 통계], [메시지 통계], [미니홈 통계]가 확인 가능합니다.

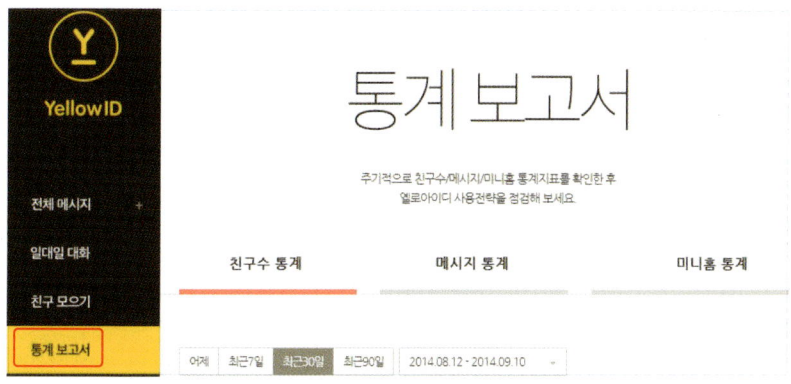

아래 화면처럼 [경로별 친구 추가 비율]과 [총 친구 수]가 얼마나 늘었는지도 확인 가능합니다.

- 경로별 친구 추가 비율: 추가된 친구의 유입 경로 비율

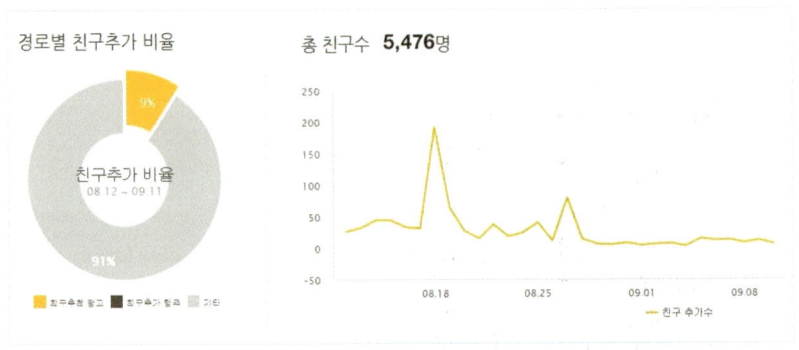

3.8 충전금 관리

충전금 관리에서는 친구 추천 및 메시지에 사용될 금액을 여기서 충전할 수 있습니다. 최소 결제 금액은 1만원부터 100만원까지 충전이 가능합니다.

Chapter 02 카카오 플랫폼 소개 및 가입하기 ◆ 87

3.9 프로필/미니 홈 관리 기능

[프로필/미니 홈 관리]라는 곳에서는 옐로 아이디의 소식을 업데이트 할 수 있습니다.

[옐로 아이디에 연결된 미니 홈]

미니 홈에 업로드하는 것으로 고객에게 다이렉트 전송되는 것은 불가능합니다. 고객이 미니 홈에 직접 들어와야 소식의 전달이 가능합니다.(단, 카카오톡 메시지를 사용하면 미니 홈에 업데이트도 되고 카카오톡으로 소식을 전달할 수 있습니다.)

■ 옐로 아이디 미니 홈과 스토리 채널의 연결

미니 홈의 프로필 사진을 클릭하면 스토리 채널과 연결이 됩니다. 스토리 채널과 연결되면 스토리 채널에 업데이트 하는 소식이 미니 홈에도 같이 업로드가 됩니다.

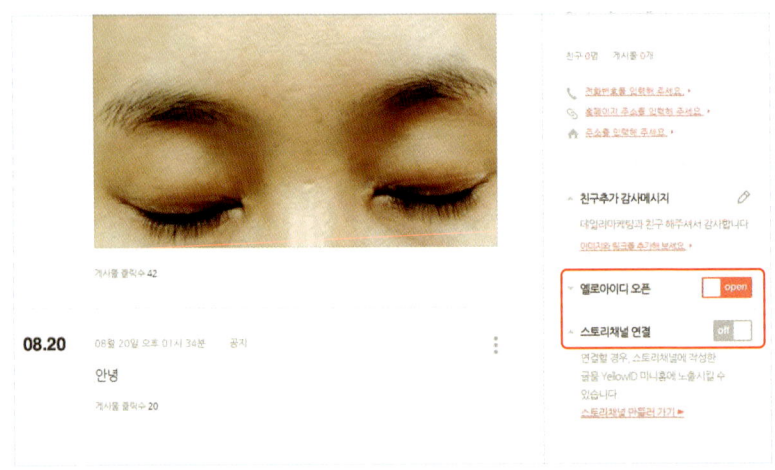

[스토리 채널 연결]을 누르면 아래와 같은 화면이 나오게 됩니다. 여기서 자신의 스토리 채널과 연결된 카카오 계정을 입력하면 연결이 완료됩니다.

Chapter 02 카카오 플랫폼 소개 및 가입하기 ◆ 89

■ **고객이 옐로 아이디 미니 홈에 들어가는 방법**

고객이 옐로 아이디를 검색하여 나온 화면에서 [홈 바로가기]를 클릭하면 옐로 아이디 미니 홈으로 바로 들어갈 수 있습니다.

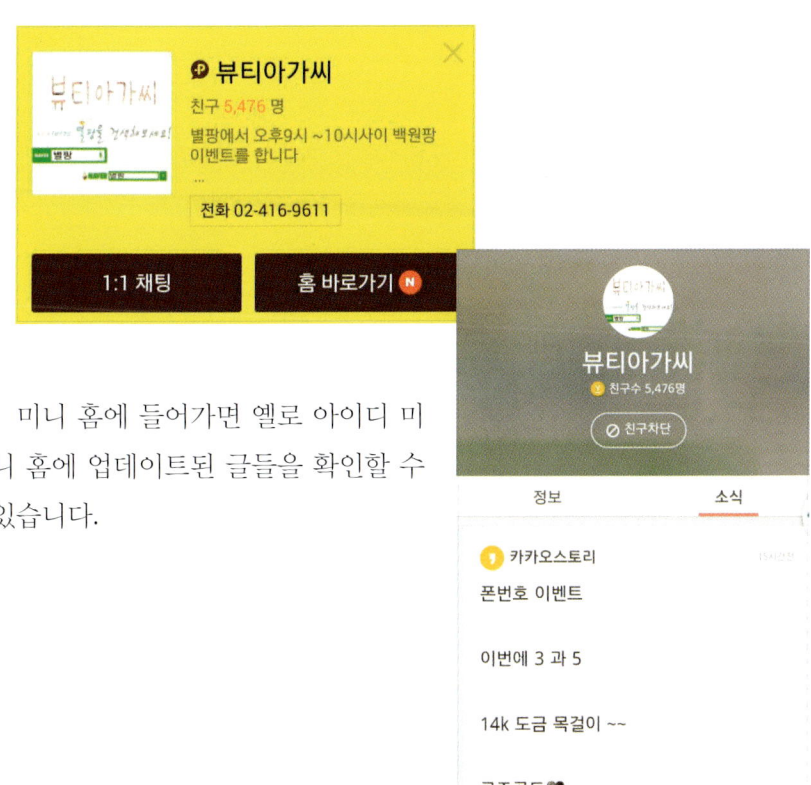

미니 홈에 들어가면 옐로 아이디 미니 홈에 업데이트된 글들을 확인할 수 있습니다.

3.10 하나의 카카오 계정으로 여러 개의 옐로 아이디 생성하기

하나의 카카오 계정으로 옐로 아이디는 무제한으로 생성 가능합니다.

1 화면 우측 상단의 ▼ 버튼을 클릭하여 [내 옐로 아이디 관리]를 클릭합니다.

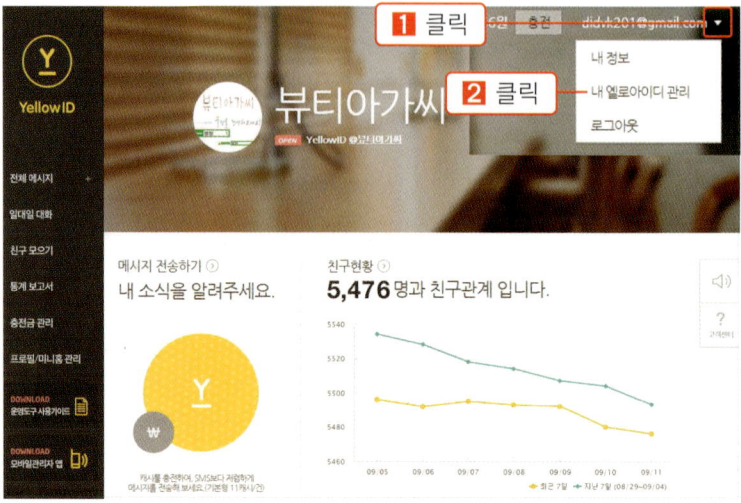

2 옐로 아이디들이 나옵니다. 여기서 옐로 아이디 변경도 가능하고 추가/생성도 할 수 있습니다. 하단의 플러스( )로 표시된 곳을 누르면 추가 생성 화면으로 넘어가게 됩니다.

3.11 옐로 아이디 핸드폰으로 관리하기

옐로 아이디는 스마트폰용 관리자 어플도 있어서, 스마트폰에 설치하면 스마트폰에서 관리가 가능해집니다.

1 스마트폰 플레이 스토어에서 '옐로아이디'를 검색합니다.

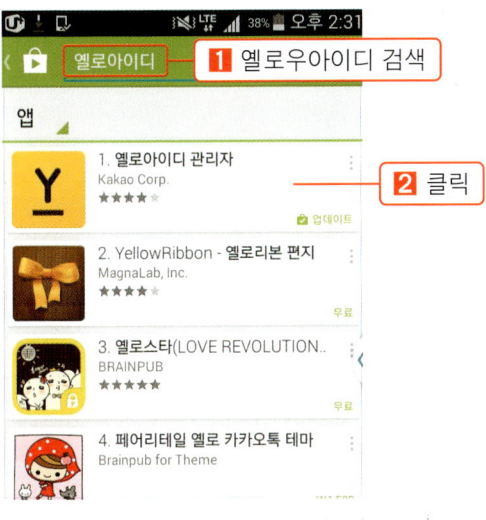

2 [옐로 아이디 관리자]를 설치합니다.

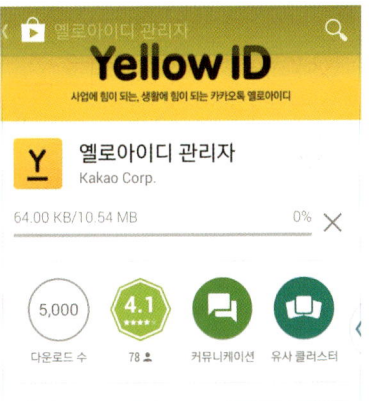

3 설치된 [옐로 아이디 관리자]를 실행하면 아래와 같은 화면이 나옵니다.

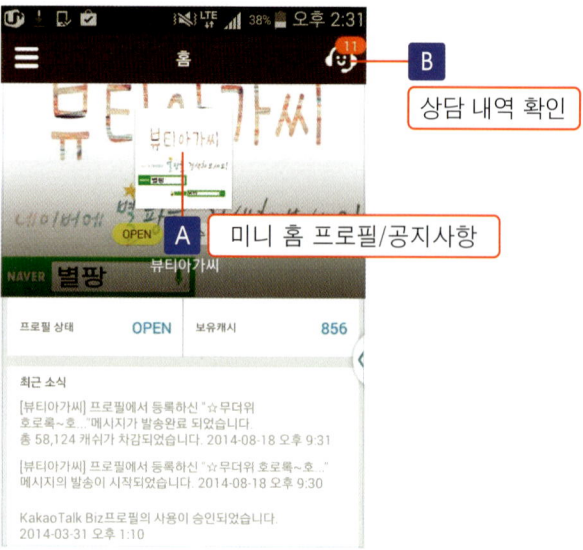

4 위에서 Ⓐ 버튼을 누르면 홈 프로필 설정을 할 수 있고 공지사항도 확인 가능합니다.

Chapter 02 카카오 플랫폼 소개 및 가입하기 ◆ 93

5 [옐로 아이디 관리자]의 초기 화면에서 상단 오른쪽의 Ⓑ 버튼(　)을 누르면 고객과의 상담 내역을 확인할 수 있습니다.

Chapter 03 꼭 알아둬야 할 카카오 스토리 기능

지금부터 설명할 기능은 카카오 스토리의 꼭 알아둬야 될 기능들입니다. 기본적인 기능부터 조금 복잡한 기능까지 하나하나 상세하게 설명하겠습니다.

1 [공유] 기능

카카오 스토리에서 [공유] 기능을 빼놓으면 카카오 스토리의 모든 기능을 설명하지 못할 정도로 중요한 기능입니다. [공유] 기능은 타인이 쓴 글을 나의 카카오 스토리로 가져올 수 있는 기능입니다.

공유 기능은 소식 칸에 있는 친구의 소식을 보고 나의 스토리로 가져 올 수 있으며, 검색을 통해 글을 나의 카스로 가져올 수 있습니다.

공유를 할 때, 바로 보이는 화면(<공유>)과 한번 클릭을 했을 때의 화면()에서 공유 버튼에 위치가 다르게 나타납니다. 화면 하단이나 상단에서 공유 버튼을 찾으면 됩니다.

■ 공유 기능 사용하기

1 나타나는 카카오 스토리의 화면에서 하단이나 상단에서 [공유] 버튼을 클릭합니다.

2 어디로 공유할지를 선택하는 화면에서 [내 스토리] 버튼을 클릭합니다.

> **참고하세요!** 공유
>
> [내 스토리], [카카오톡], [카카오 그룹]으로 보낼 수(공유)도 있으며, [URL 복사]를 선택하면 URL을 퍼지게 할 수도 있습니다. [기타 공유]는 라인이나 메일 등으로 글을 보낼 때 사용합니다.

3 [내 스토리]로 공유 버튼을 클릭하여 나타나는 화면에서, 내 스토리로 옮겼을 때 전달하고 싶은 글을 적고 [올리기] 버튼을 클릭합니다.

4 올리기 버튼을 누르면 아래와 같이 나의 스토리에 공유된 글이 올라오게 됩니다.

> **참고하세요!** 공유 범위 지정
>
> 공유를 할 때 오른쪽 하단 버튼(예: 전체 공개)을 클릭하면 [전체 공개], [친구 공개], [나만 보기]로 설정이 가능합니다.
> - [전체 공개]라고 하는 것은 카스를 방문하는 고객이나 아니면 그 카스 글을 공유한 친구의 친구들에게도 전부 보이게 설정하는 것입니다.
> - [친구 공개]라고 하는 것은 자신이 맺은 친구한테만 글이 보이는 것으로 친구의 친구가 글을 보려고 하면 글을 공유한 당사자나 글을 쓴 당사자에게 친구 신청을 해야만 됩니다.
> - [나만 보기]는 비공개로 나만 보는 것입니다.

❷ [느낌] 기능

두 번째 설명할 툴은 [느낌 기능]입니다. 이렇게 설명하면 아마 페이스북의 '좋아요'랑 비슷한 것 아닌가요?라고 묻게 될 텐데요. 비슷하지만 카카오 스토리는 노출되는 곳이 다르고, 또 느낌의 종류가 많습니다.

카카오 스토리는 아래처럼 다섯 가지 종류의 느낌을 남길 수 있습니다.

> ❶ 좋아요 ❷ 멋져요 ❸ 기뻐요 ❹ 슬퍼요 ❺ 힘내요

1 카스의 첫 화면에서 원하는 글로 이동하여 하단의 [느낌] 버튼을 클릭한 후, 나타나는 [느낌]의 종류에서 [좋아요(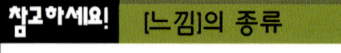)]를 클릭합니다.

참고하세요! [느낌]의 종류

[느낌]의 🎁🎁🎁🎁 버튼을 이용하여 카스에서 게임을 만들 수도 있고, 설문조사, 공유를 높이는 글, 다른 사람의 카스에 직접적인 홍보도 가능합니다.

Chapter 03 꼭 알아둬야 할 카카오 스토리 기능 ◆ 99

2 [좋아요(♥)] 버튼을 클릭하면 밑에 [느낌]을 달았다는 표시가 나타납니다. 이제 [느낌]을 단 사람들이 얼마나 되는지 알아보기 위해 우측의 [+60]이라는 버튼을 클릭합니다.

참고하세요! 느낌

[느낌]은 늦게 단 것이 가장 앞에 표시됩니다. [멋져요(★)]가 가장 앞에 있고, 뒤에 [좋아요(♥)]가 다섯 개 있습니다. 위 화면은 총 66개의 [느낌]이 달렸다는 것을 보여줍니다.

3 화면에 누가 이 글에 [느낌]을 달았는지 나타납니다. 보통 업체들이 이 [느낌]을 많이 답니다. 아이디 우측 끝의 친구 신청( ) 버튼은 친구 신청을 할 수 있다는 것입니다. 몇 개의 아이디에서 친구 신청( ) 버튼을 클릭하여 친구 신청을 해보겠습니다.

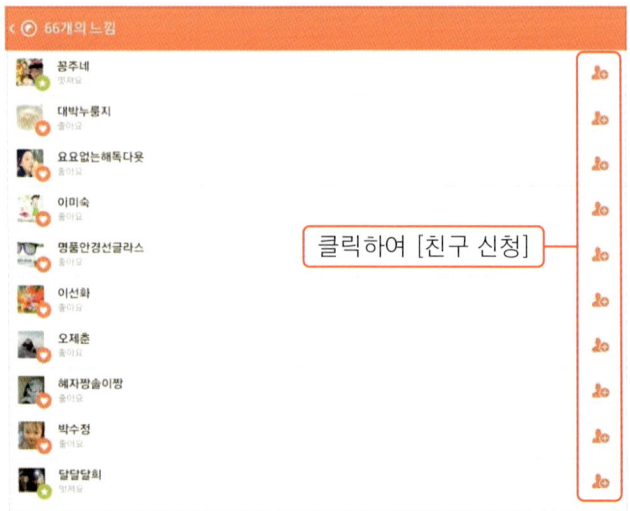

4 친구 신청( ) 버튼을 누르면 푸른색( )으로 바뀌면서 친구 신청을 걸게 됩니다.

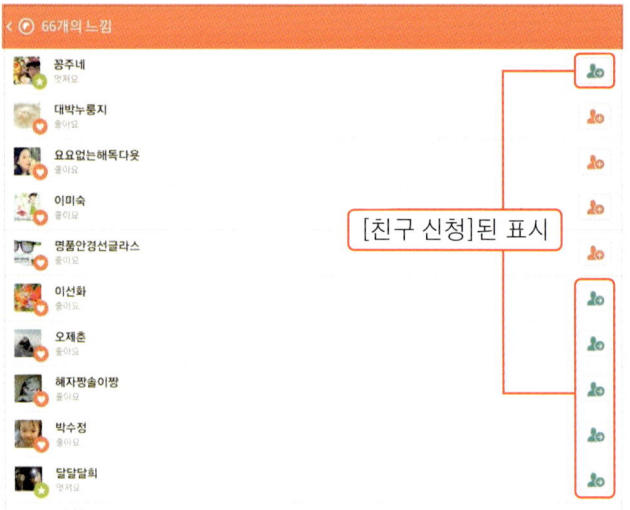

> **참고하세요!** 카카오 스토리의 친구 맺기
>
> - 친구 신청을 걸면 다 친구가 되는 것이 아니라 상대방이 친구 신청을 받아 줘야 서로 친구가 됩니다.
> - 친구 신청은 200명까지 예약이 가능합니다.
> - 전체 친구 수는 1000명까지 가능합니다.(그 이상을 넘는 것은 스토리 채널 친구 수를 합한 것입니다.)
> - 보통 공유 이벤트로 친구 신청을 받습니다. 그리고 친구 신청 예약으로 200명이 꽉 차면, 하루에 7명까지 삭제하고 다시 7명의 신청이 가능합니다.(친구 신청 예약이 200명으로 꽉 차 버리면 더 이상 친구 신청을 할 수 없기에 친구 신청을 받아 주지 않는 사람들을 삭제합니다.)

③ [함께하는 친구] 기능

　지금부터 설명할 기능은 [함께하는 친구] 기능입니다. 이 [함께하는 친구] 기능을 하면 내가 지정한 친구에게 해당 글이 푸시 알람으로 바로 전송됩니다. [함께하는 친구] 기능이 푸시 알림 밖에 없는데 이것이 그리 좋은 기능인가? 라고 질문하는 분들도 있을 겁니다. 간단하게 메시지 알람이 꺼져 있는 것과 알람이 켜져 있는 것의 메시지 수신도는 어느 것이 더 높을까요? 푸시 알림이 있으면 메시지 전달력이 매우 높아지게 됩니다.

　[함께하는 친구] 기능은 나의 글을 쓸 때와 다른 사람의 글을 공유할 때 전부 사용이 가능합니다. 두 경우 모두 콘텐츠를 알림으로 전달이 가능합니다.

1 아래의 왼쪽 화면은 내가 콘텐츠를 쓸 때이고, 오른쪽 화면은 공유를 할 때의 화면입니다. 두 화면 모두 버튼을 클릭하면 함께 하는 친구 기능을 사용할 수 있습니다.

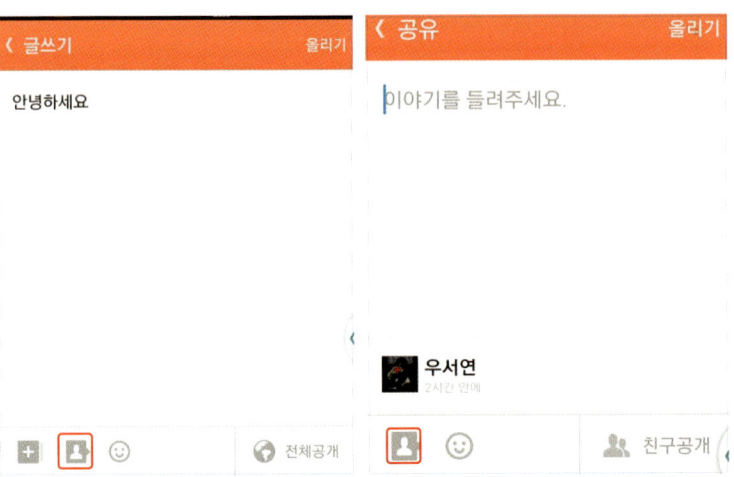

2 버튼을 클릭하면 아래와 같이 함께 하는 친구를 선택할 수 있는 화면이 나옵니다. 여기서 함께 하는 친구를 선택하고 [완료]를 누르면 선택한 친구에게 푸시 알림으로 글이 전달이 됩니다.

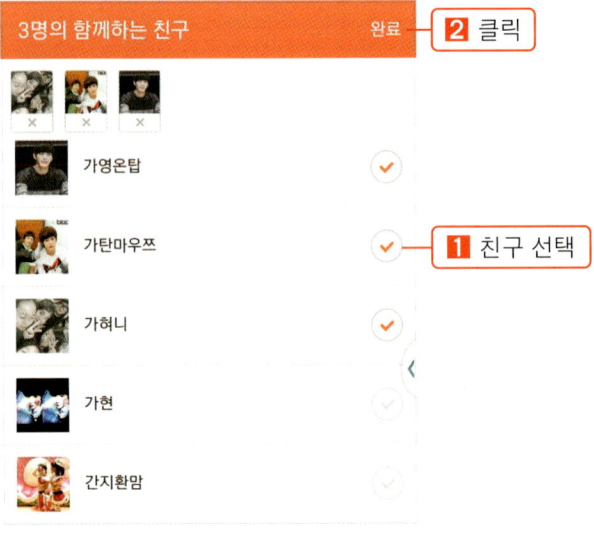

3 함께 하는 친구가 완료되면 친구 목록과 글이 같이 소식 칸에 업로드 됩니다.

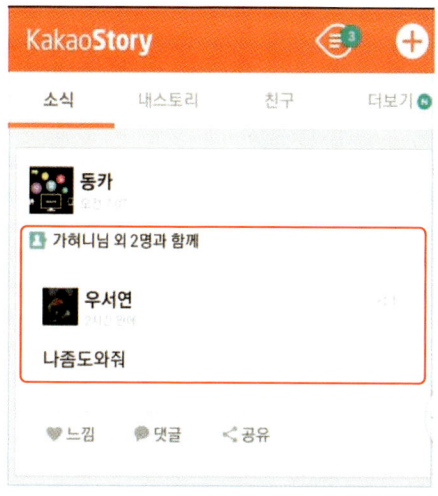

> **참고하세요!** [함께하는 친구] 기능
>
> [함께하는 친구] 기능은 고객에게 직접적인 메시지를 전달할 때 많이 활용합니다. 그러나 상품 정보 같은 것만 계속 전달하는 것은 역효과를 가져오므로 너무 자주 사용하는 것은 좋지 않을 수도 있습니다. 함께하는 친구 기능을 [필독] 기능이라고도 부르기 도합니다.

④ [해시 태그] 기능

[해시 태그] 기능은 카카오 스토리에서 검색이 가능하도록 키워드를 작성하는 기능입니다. 이 기능을 사용하면 이용자가 키워드로 여러 개의 스토리를 모아 볼 수 있습니다.

1 카카오 스토리 메인 화면에 들어갑니다. 그리고 오른쪽 위에 플러스 (➕) 버튼을 누르고 글(📝) 버튼을 클릭합니다.

2 글 작성 화면이 나오면 해시 태그로 사용할 단어 앞에 #을 붙여 입력합니다.

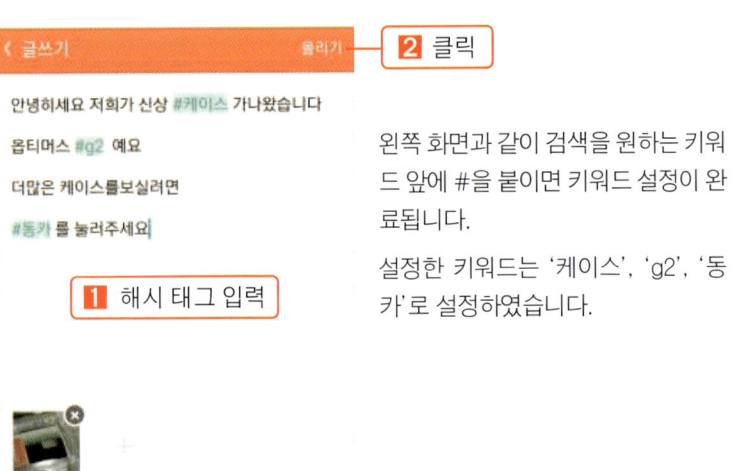

왼쪽 화면과 같이 검색을 원하는 키워드 앞에 #을 붙이면 키워드 설정이 완료됩니다.

설정한 키워드는 '케이스', 'g2', '동카'로 설정하였습니다.

Chapter 03 꼭 알아둬야 할 카카오 스토리 기능 ◆ 105

> **참고하세요!** 해시 태그 설정시 주의 사항
>
> ● 해시 태그로 설정할 단어 앞에 반드시 #을 붙여 써야 합니다.
> ● 해시 태그로 설정할 단어는 꼭 띄어쓰기를 하여야 합니다.
>
> #케이스 ·· ('케이스' 하나만으로 설정)
> #케이스있어요 ································· ('케이스있어요'로 설정)
> 케이스 가 없어요 ············ (#이 없으므로 설정된 해시 태그가 없음)

 아래는 나의 카스에 업로드된 화면이며, 수록된 해시 태그를 클릭하면 키워드가 수록된 글들을 모아서 볼 수 있습니다.[#케이스]를 클릭해 보겠습니다.

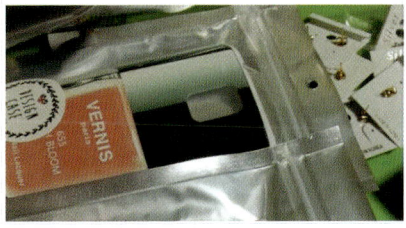

4 위에서 [#케이스]를 클릭했다면 카스에서 [#케이스]로 쓴 글들이 무엇이 있는지 한꺼번에 모아서 나타납니다.

5 카스 쪽지 보내기

1 카카오 스토리 메인 화면으로 들어가면 오른쪽 상단에 쪽지 기능()이 추가된 것을 볼 수 있습니다. 쪽지 이미지를 클릭합니다.

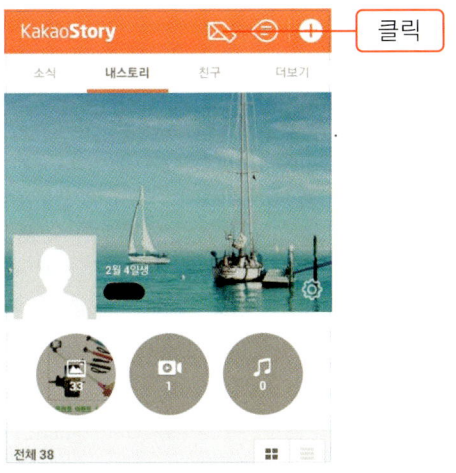

2 쪽지 이미지를 선택한 후, 아래와 같은 화면이 나타나면 오른쪽 상단의 플러스 버튼을 클릭합니다.

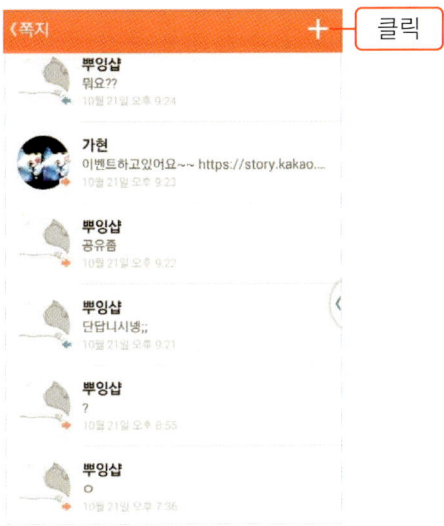

3 회원 분들의 친구 목록이 나타나면 쪽지를 보낼 친구를 선택합니다.

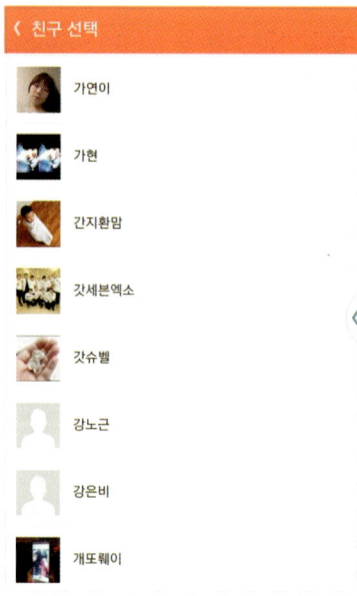

4 아래와 같이 쪽지를 보낼 문구를 입력합니다. 아래 스마일 버튼을 누르면 이모티콘을 넣을 수 있습니다.

Chapter 03 꼭 알아둬야 할 카카오 스토리 기능

5 왼쪽은 사진을 추가한 것이고 오른쪽은 배경을 변경한 것입니다. 이제 오른쪽 위의 [보내기] 버튼을 누르면 쪽지가 전송됩니다.

6 이렇게 아래 화면처럼 쪽지가 전송됩니다.

5.1 카스 쪽지를 보낼 때 유용한 기능 펑 쪽지

쪽지를 읽으면 5초 만에 펑하고 없어지는 카스 쪽지 기능입니다. 쪽지를 받는 사람에게 남기고 싶지 않을 때 유용하게 사용 가능합니다.

카스 쪽지를 보낼 때 오른쪽 아래 5라는 숫자가 남겨진 버튼을 체크하고 [보내기] 버튼을 누르면 쪽지를 확인하고 5초 안에 사라집니다.

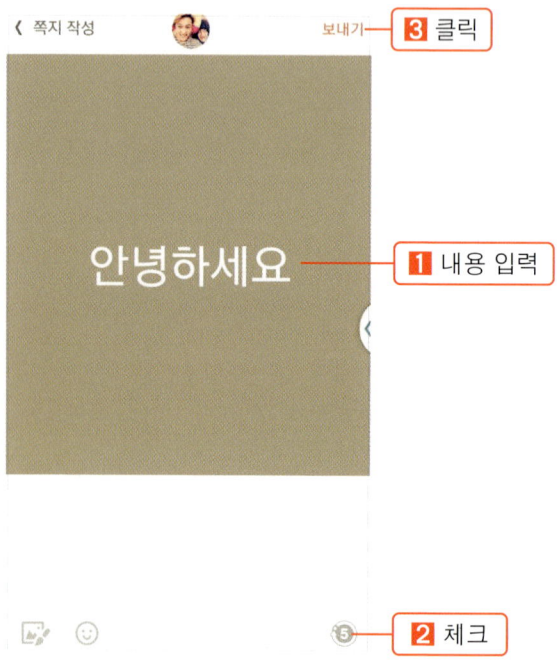

6 간단한 카스의 부가 기능

6.1 관심 친구 기능(즐겨찾기)

지금부터 카스에서 핵심은 아니지만 부가적인 기능들을 설명해 보겠습니다. 아래 화면은 카스의 [친구] 탭을 눌러 나타나는 즐겨찾기 기능입니다.

친구 목록의 오른쪽에 별무늬가 오렌지 색(★)으로 채워지면 즐겨찾기가 된 상태입니다. 만약 카스 소식을 받고 있는 회원이 자신을 즐겨찾기로 설정하면, 글이 올라올 때 "관심 친구 xx의 글이 올라 왔습니다."라는 푸시 알림이 계속적으로 가게 됩니다. 따라서 내 글을 상대가 즐겨찾기로 등록하도록 만들어야 됩니다.

아래 왼쪽 그림은 즐겨찾기를 설정하기 전이고, 오른쪽은 즐겨 찾기를 한 후의 그림입니다. 별 버튼을 누르면 즐겨찾기가 설정됩니다.

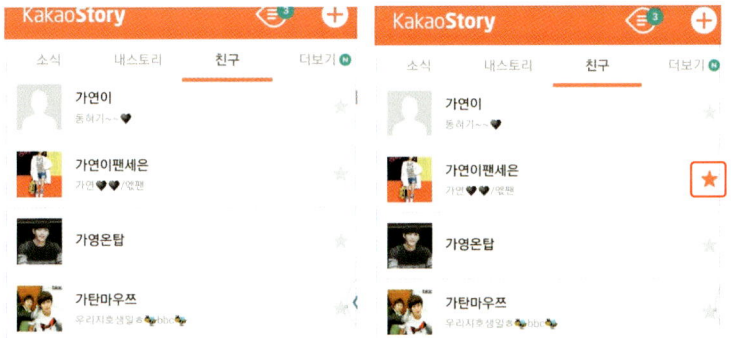

6.2 카카오 스토리 글쓰기 설정(설정 후 모든 글에 적용)

카카오 스토리에서 글을 일일이 공개/비공개로 설정하기가 불편한 경우 설정을 통해 일괄 지정이 가능합니다.

1 카카오 스토리에서 [더보기]의 [설정] 버튼을 클릭합니다.

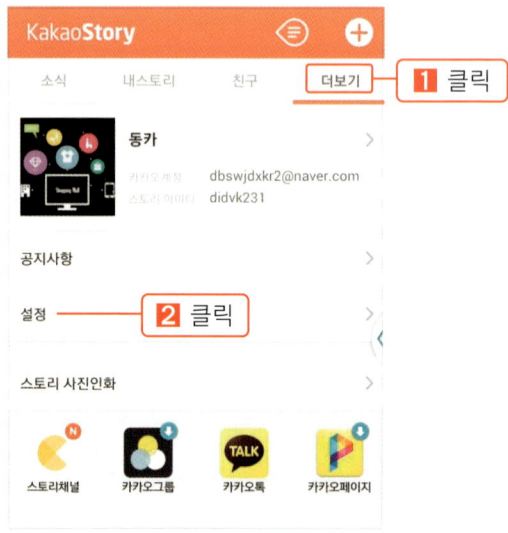

Chapter 03 꼭 알아둬야 할 카카오 스토리 기능 ◆ 113

2 아래 화면에서 [친구만 댓글 허용]에 체크하면 지금부터 새로 작성하는 전체 공개글은 [친구만 댓글 허용]으로 등록됩니다. 체크를 안 하면 누구나 댓글을 달 수 있습니다.

[친구 공개글의 공유 허용] 버튼을 클릭하면 설정 후 새로 작성한 친구 공개글은 [공유 허용]으로 등록됩니다. 체크를 해지하면 [공유 비허용]이 됩니다.

Chapter 04 스토리 채널 소식 받기 늘리기

카카오스토리 마케팅

스토리 채널을 처음 만들면 친구를 늘리지 못해서 고민하는 분들이 많습니다. 이 장에서는 스토리 채널 소식 받기를 증가시키는 핵심 방법에 대하여 살펴보겠습니다.

1 카스 친구 초대를 통한 스토리 채널 소식 받기 증가시키기

이 방법은 기존 카카오 스토리 친구 수가 있어야 가능합니다. 만약 기존 카스 친구가 없다면 카스 친구 수가 많은 사람의 도움을 받는 것도 좋습니다. 여기서는 두 가지 초대 방법에 대하여 설명하겠습니다.

첫 번째 방법은 스토리 채널 계정과 초대하려는 카스의 계정이 같을 때, 두 번째는 스토리 채널과 초대하려는 카스 계정이 다를 때 사용하는 방법입니다.

1.1 스토리 채널 계정과 카스 계정이 같을 때

1 스토리 채널 홈 화면으로 들어갑니다. 여기서 [구독자] 버튼을 클릭한 후, [구독자 초대] 버튼을 클릭합니다.

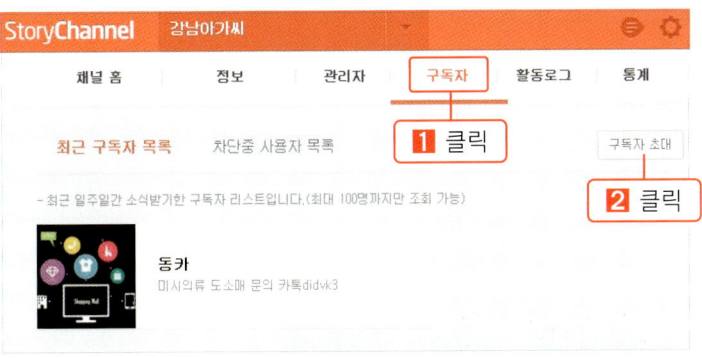

2 아래와 같이 초대할 수 있는 친구들이 나오면 [초대하기] 버튼을 눌러 초대가 가능합니다.

> **참고하세요!** 친구 목록
>
> 만약 친구가 한명도 나오지 않는다면 기존 친구가 많은 카카오 스토리 계정과 스토리 채널 계징이 다른 것이니 계정 확인을 해주어아 됩니다.

1.2 스토리 채널 계정과 카카오 스토리 계정이 다를 때

만약 스토리 채널 계정과 카카오 스토리 계정이 다르거나, 지인 카카오 스토리 친구들을 나의 스토리 채널에 초대하고 싶다면 카카오 스토리에서 초대를 할 수가 있습니다.

1 이번에는 스토리 채널이 아니라 카카오 스토리 메인 화면으로 들어갑니다.

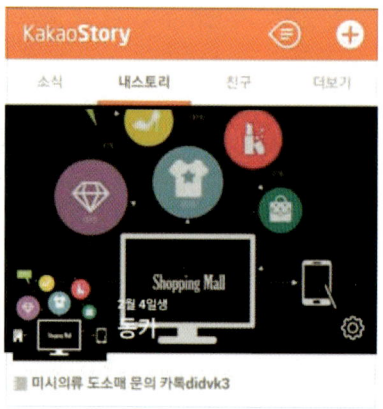

2 홈 화면의 [친구]에서 [스토리 아이디로 친구 찾기] 버튼을 클릭합니다.

Chapter 04 스토리 채널 소식 받기 늘리기

3 나타나는 화면에서 검색할 스토리 채널 아이디를 입력하고 [친구 찾기]를 클릭합니다.

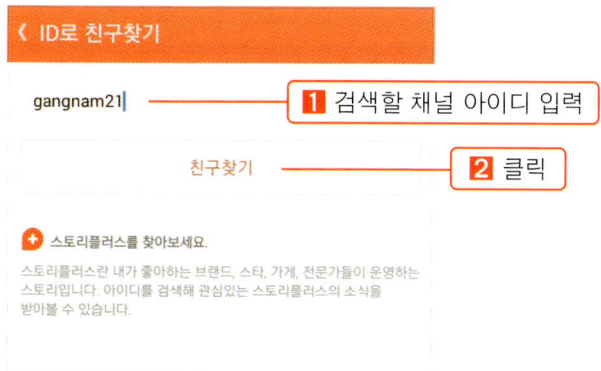

> **참고하세요!** 스토리 채널 아이디명과 스토리 채널 아이디
>
> 초기에는 스토리 채널 아이디명으로는 검색이 안 되었으나 지금은 아이디명과 아이디 모두 검색이 됩니다. 위의 예라면 스토리 채널 아이디명인 '강남아가씨'나 스토리 채널 아이디인 'gangnam21'이 모두 사용 가능합니다.

4 [친구 찾기]를 눌러 검색 결과가 나오면 검색된 곳을 클릭하여 스토리 채널로 들어 갈 수 있습니다.

5 검색한 스토리 채널로 들어오면 여기서 오른쪽 위에 점 세 개( ) 버튼을 클릭합니다. [스토리 친구 초대] 버튼을 누르면 이 스토리 채널로 초대를 할 수 있습니다. 이곳에서는 [스토리 친구 초대] 버튼을 눌러 보겠습니다.

6 나의 카카오 스토리 친구 중 스토리 채널로 초대 가능한 친구 목록이 나타나면 [초대] 버튼을 눌러 초대를 합니다.

Chapter 04 스토리 채널 소식 받기 늘리기 ◆ 119

7 만약 5번 단계에서 [카카오톡으로 공유] 버튼을 눌렀다면 나타나는 아래 화면에서 나의 카카오톡 친구들을 스토리 채널로 초대할 수 있습니다.

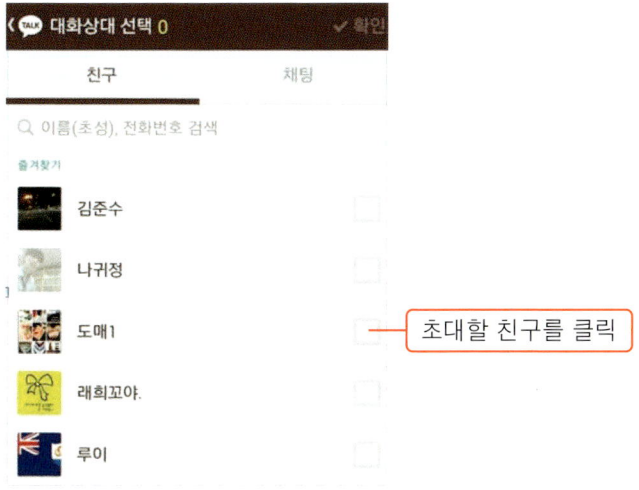

2 태그 기능을 통한 스토리 채널 친구 초대

태그 기능은 나의 친구에게 푸시 알림으로 카카오 스토리 콘텐츠에 대한 정보를 전달할 수 있는 기능입니다. 태그 기능을 사용해도 나의 카카오 스토리 친구들을 스토리 채널에 초대할 수 있습니다.

> **참고하세요!** 태그 기능
>
> [태그 기능]은 [언급]이라고 부르기도 합니다.

2.1 태그 기능 사용하는 방법

1 스토리 채널의 원하는 글로 들어가 댓글에 @를 입력합니다.

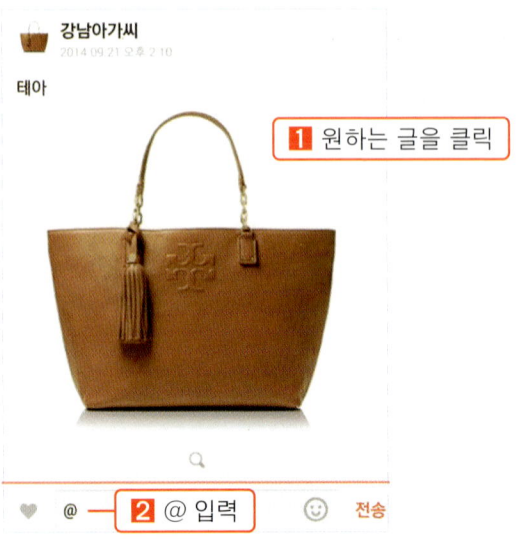

2 @를 입력하면 초대할 수 있는 카카오 스토리 친구 목록이 뜨게 됩니다. 여기서 초대하고 싶은 친구를 클릭하고 [전송] 버튼을 클릭합니다.

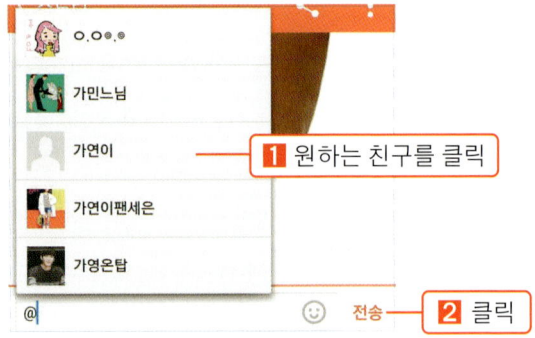

3 그러면 이렇게 카카오 스토리 친구들이 스토리 채널에 소환되어, 소환된 사람에게 바로 푸시 알림이 떠서 유입률도 높습니다.

3 이벤트를 통한 카카오 스토리 친구 늘리기

스토리 채널 소식 받기를 증가시키는 방법 중 가장 많이 하는 것이 이벤트입니다.

스토리 채널 이벤트 확산을 잘 시키려면 이벤트를 잘해야 합니다. 이벤트를 효과적으로 하는 방법에 대해 설명하겠습니다.

3.1 스토리 채널 이벤트

이벤트를 하려면 참여 조건 및 기간을 설정해야 됩니다. 이벤트 참여 기간은 보통 일주일 이내로 설정되며, 많은 분들이 1~3일의 단기적인 이벤트를 선호하고 있습니다.

1 카카오 스토리 채널 홈 화면으로 들어가 [글] 버튼을 클릭하여 이벤트 글을 작성합니다.

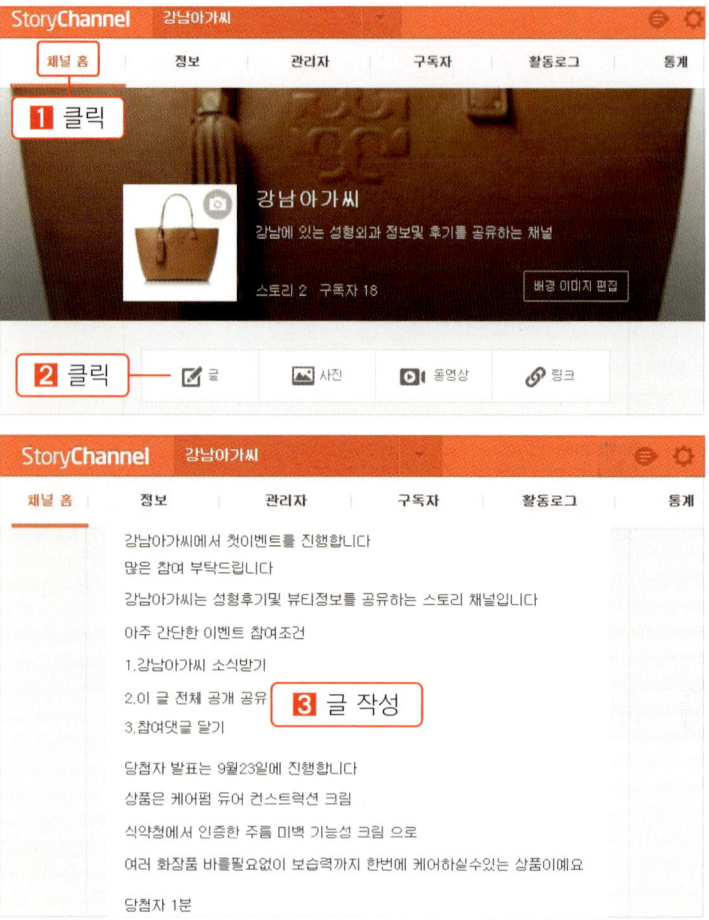

이벤트 글은 보통 아래와 같은 구도로 진행됩니다.

1. 서론: 이벤트 진행 상품이랑 스토리 채널 소개
2. 본론: 참여 조건 설정
   ① 소식 받기
   ② 전체 공개 공유하기
   ③ 참여 댓글 달기
   ④ 친구 소환
3. 결론: 당첨자 발표 날짜, 추가 공지

Chapter 04 스토리 채널 소식 받기 늘리기

2 이벤트 글을 작성했으면 이벤트에 올릴 사진을 업로드합니다. [사진을 추가하세요] 버튼을 눌러 사진을 추가하고 [올리기] 버튼을 클릭하면 이벤트 글이 나의 카스에 올라가게 됩니다. 사진은 최대 10장까지 업로드 할 수 있습니다.

3 아래 화면처럼 이벤트 글이 올라가게 됩니다.

3.2 이벤트 효율을 높이는 방법

이벤트를 할 때 메인 사진에 이벤트라는 문구를 넣으면 노출이 잘 되어서 클릭률이 높아지게 됩니다.

이벤트 사진에 글자를 넣으려면 포토샵이나 포토스케이프 같은 그래픽 편집 프로그램을 사용해야 하는데 이곳에서는 손쉽게 다룰 수 있는 포토스케이프로 작업하겠습니다.

1 네이버에서 [포토스케이프]를 검색한 후, 다운로드하여 설치합니다.

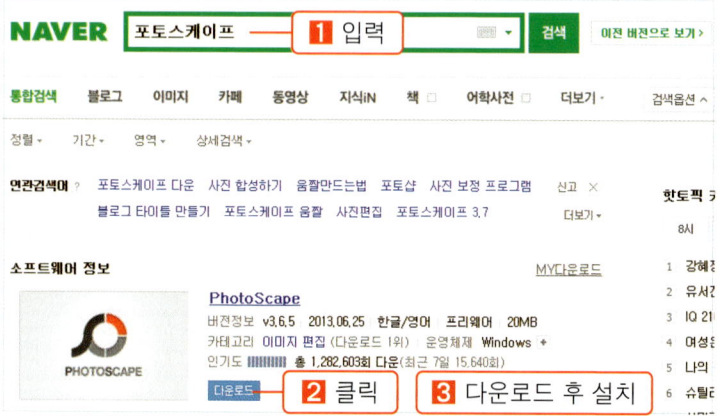

2 설치가 끝났으면 포토스케이프를 실행하여 [사진 편집]을 클릭합니다.

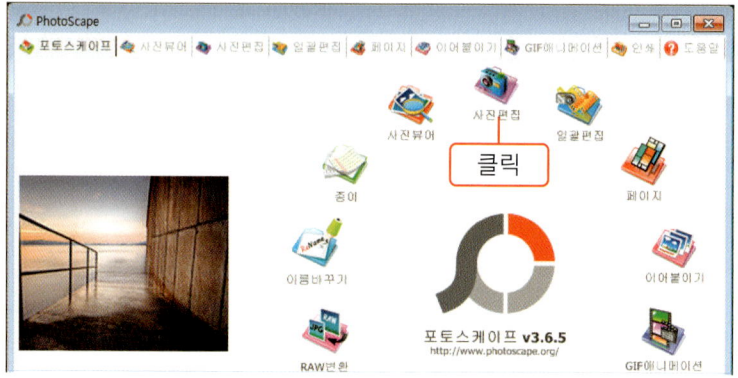

Chapter 04 스토리 채널 소식 받기 늘리기 ◆

3 좌측 상단에서 편집할 사진을 선택하고 [개체] 탭에서 **T**을 클릭합니다.

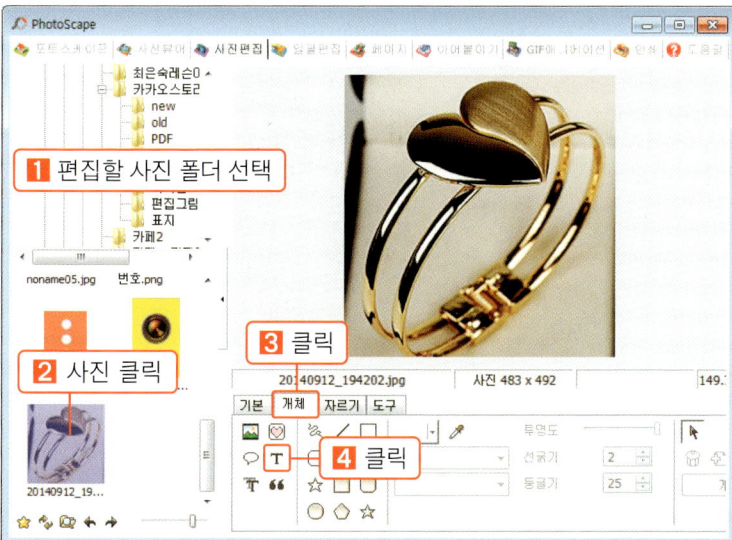

4 입력할 글을 입력하고 편집을 한 후, [확인] 버튼을 클릭합니다.

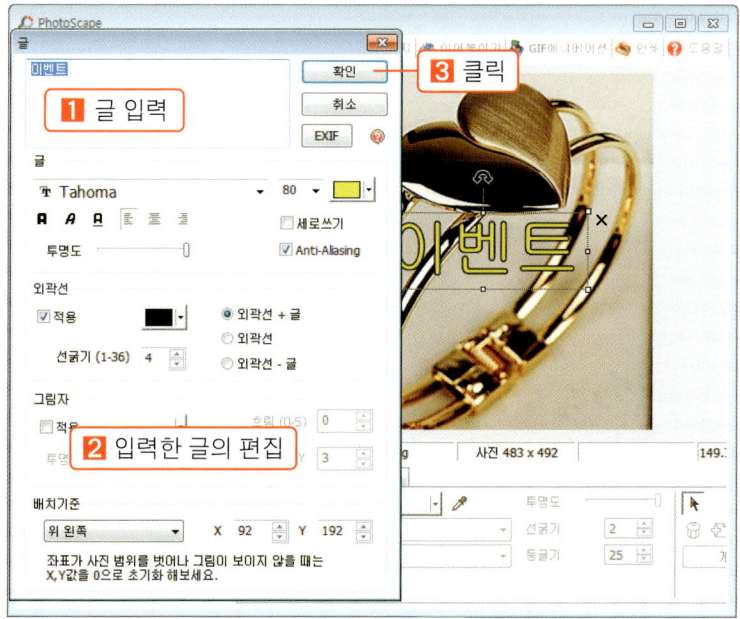

5 위치 등을 조정하고 [저장]을 눌러 원하는 폴더에 저장합니다.

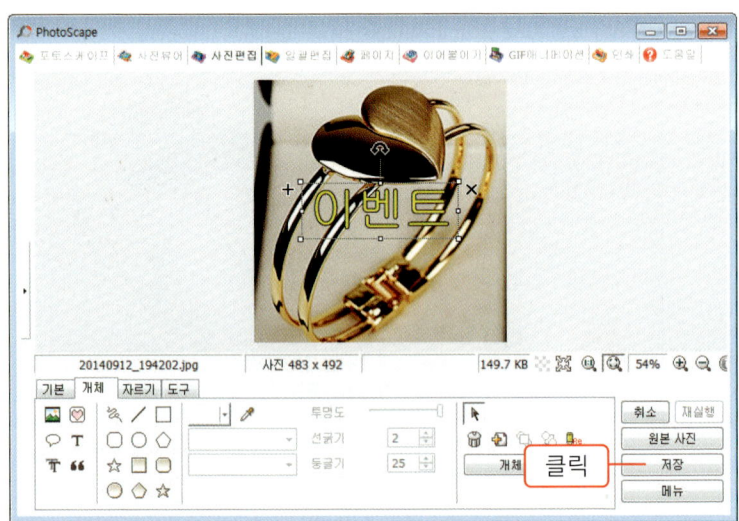

6 이렇게 편집된 사진을 카스에 올리면 [이벤트]라는 문구가 부각된 사진이 올라가게 됩니다.

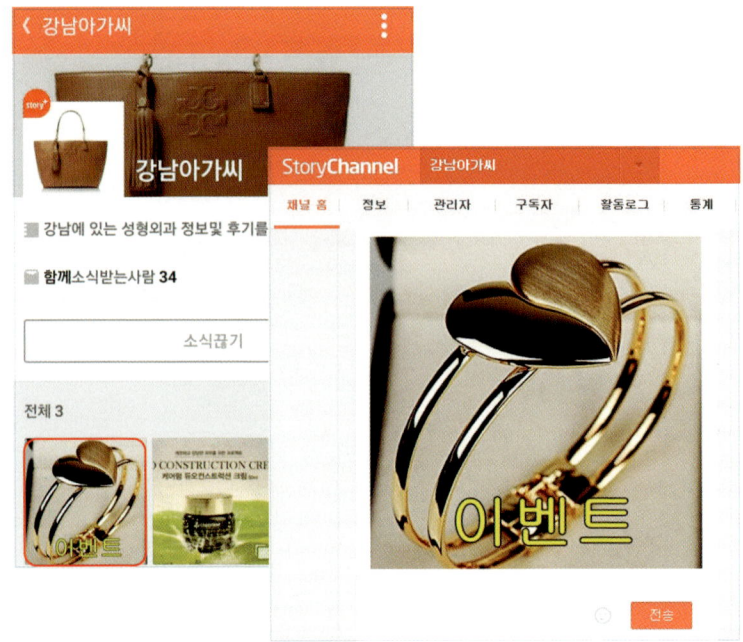

Chapter 05 카카오 스토리에서 공유가 잘되는 콘텐츠 10가지

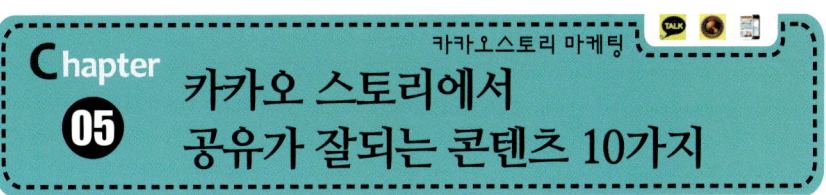

카카오 스토리서 공유가 잘되는 콘텐츠에는 일정한 패턴이 있습니다. 이곳에서 알려드릴 10가지 패턴을 익힌다면 공유가 많이 되는 카카오 스토리 콘텐츠를 제작할 수 있을 겁니다.

❶ 공유를 하면 행운이 온다는 글

아래 글은 공유 후 30초 안에 네잎클로버를 찾으면 행운이 온다는 글인데 높은 공유 수를 가졌던 콘텐츠입니다. 이렇게 행운을 가져다준다는 글이 공유가 잘되는 콘텐츠 중 하나입니다.

2 레시피 관련 콘텐츠

주부층 사이에서 레시피 관련 콘텐츠가 공유가 많이 됩니다. 특히 요리하는 법 링크들을 모아 놓으면 공유율은 더욱더 올라갑니다.

아래는 치즈 요리하는 법에 대한 링크를 모아 놓은 콘텐츠 사례입니다.

Chapter 05 카카오 스토리에서 공유가 잘되는 콘텐츠 10가지

③ 유용한 생활 정보(생활 속 꿀 팁!)

카스에서 간직하고 있으면 도움이 되는 생활 속 꿀 팁들도 공유가 많이 됩니다.

4 가볼 만한 여행지 모음

가볼 만한 여행지를 모아 놓은 콘텐츠도 공유가 많이 됩니다.

5 공감을 유도하는 글

공감을 유도하는 글도 공유가 많이 됩니다.

⑥ 카카오 스토리의 느낌 기능을 활용한 콘텐츠

느낌 기능의 아이콘을 활용한 콘텐츠도 공유가 많이 됩니다.

나 어떻게 생각해?

 사랑하지 ♥

 너무 좋은걸~

 그냥 친구

 친해질 수 있겠지?

 모른척 해줘

⑦ 감성을 자극하는 좋은 글

감성을 자극하는 글이나 글귀는 항상 공유가 많이 되는 고정 아이템이기도 합니다. 글을 올리는 시점에 적당한(계절/날씨/이슈에 맞는) 감성 글은 많은 공유를 이끌어 냅니다.

< 스토리

책 읽어주는 남자

남을 바보 만들며 웃는건 즐거워도
내가 바보가 된다면
누구나 화가 나기 마련이다

살아보니까 배움이나
돈의 많고 적음과 상관없이
잘 다듬어진 인격이란게 보이는데
그건 자신에게 불리할 때 잘 나타나더라
어떤 순간에도 흥분은 금물이다

잘 가꿔온 인생이
흥분 하나로 물거품 되더라
유머란 바로 그럴 때 필요하다
나를 낮추는게 유머다
나에게는...

천하제일 잡놈 조영남의 수다

[출처: 책 읽어주는 남자]

8 초성을 이용해서 만든 콘텐츠

아래와 같이 한글 초성을 이용한 콘텐츠는 재미를 불러일으키는 아이템으로 특히 10대들에게 공유가 많이 됩니다.

9 지인들에게 꼭 알려야만 되는 긴급 정보

지인들에게 꼭 알려야 되는 긴급 정보도 공유가 많이 됩니다. 보이스 피싱이나 사회적 이슈가 되는 내용의 긴급 속보 등이 이런 유형에 속합니다.

〈 스토리

※※※※※ 긴급사항 ※※※※※

1. 파리바게트 상품권 문자오면 누르지 마세요.
어제 일어난 일입니다.
지인이 방금 보내준 글, 공유해 주시기 바랍니다

2. 010-9328-8343 으로 걸려온 전화는 받지 마세요.
받자마자 1250,000원이 차감되는 새로운 형태의 사기라 합니다.
주위 분들에게 알려주세요. (이 번호를 폰에 저장해놓고 이름란에-받지말자-사기전화 이렇게 해 놓으면 좋을 것 같네요. 모두 퍼다가 주변에 알려주세여!
주위에서도 1000여명 당했습니다. 막 퍼트려 주시길 꼭 필독바랍니다 ~~~

⑩ 지인들에게 알리고 싶은 단기간 이벤트나 세일 정보

지인들에게 알리고 싶은 이벤트 글이나 세일 정보도 공유가 많이 되는 편입니다. 같은 공감대를 갖고 있는 친구들이라면 이벤트나 세일 정보는 좋은 정보가 되기 때문입니다.

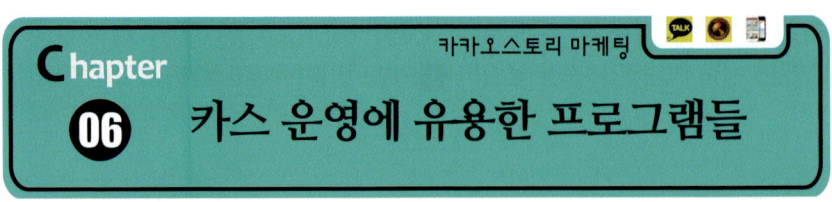

카스 운영에 필요한 프로그램들을 소개해 드리겠습니다. 설명하는 프로그램들을 알아둔다면 좀 더 빠르고 전문적으로 카스를 운영할 수 있습니다.

1 화면 캡처 프로그램

카카오 스토리에 사진을 올리다 보면 인터넷에서 사진을 캡처하는 일이 많이 발생합니다. [알캡처]는 여러 캡처 프로그램 중에서도 사용이 편리한 프로그램입니다.

1 네이버에서 [알캡처]를 검색해서 다운을 받은 후, 설치를 합니다.

Chapter 06 카스 운영에 유용한 프로그램들 ◆

2 설치한 알캡처를 실행하면 아래 그림이 나타납니다. [새 캡처]를 실행하고 자신이 캡처하고 싶은 화면만 드래그해서 캡처합니다.

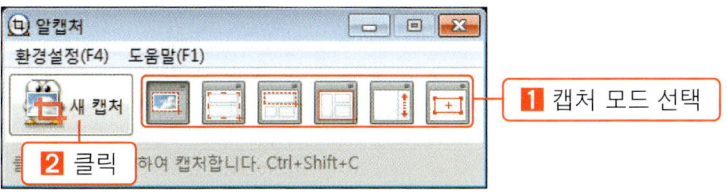

3 캡처가 완료되면 아래 화면이 나타나는데, 새로 캡처도 가능하고 저장도 가능합니다. [저장]을 누르면 자신이 원하는 폴더에 저장할 수 있습니다.

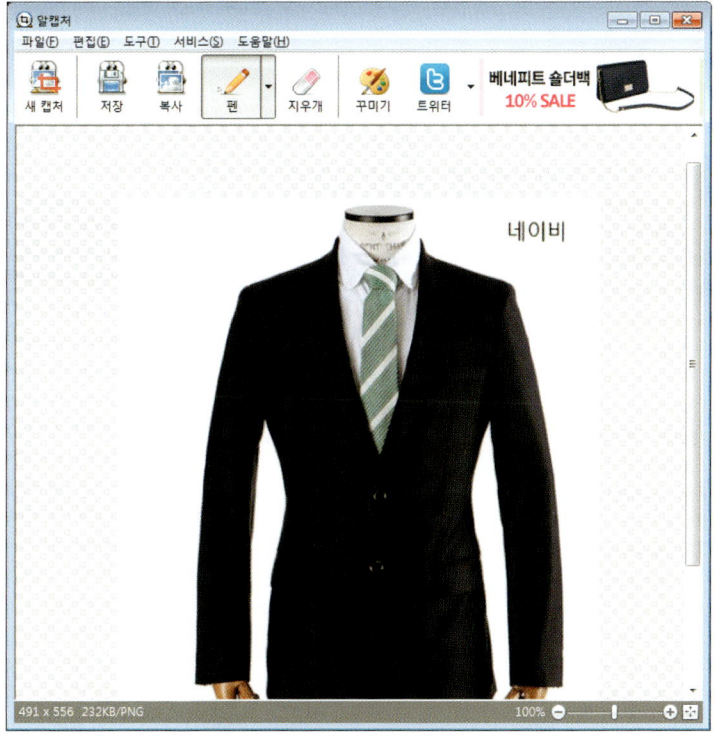

4 자신이 저장하고 싶은 폴더와 파일명을 지정하고 [저장]을 누르면 지정한 폴더에 저장됩니다.

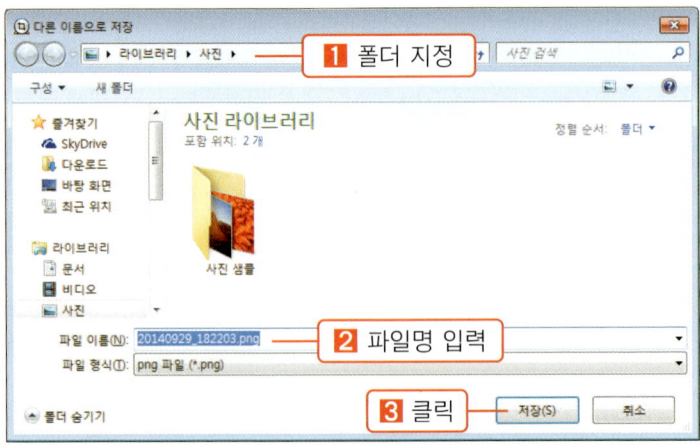

2 이벤트 당첨 어플

카카오 스토리 이벤트를 하면 이벤트의 당첨자를 공정하게 발표할 수 있는 프로그램도 필요합니다.

2.1 공유 이벤트 추첨기

1 플레이 스토어에서 [공유이벤트]를 검색해서 다운로드 한 후 설치합니다.

Chapter 06 카스 운영에 유용한 프로그램들 ◆ 137

2 설치되었으면 공유 이벤트 당첨자 어플을 스마트 폰에서 실행합니다. 추첨은 [단순 추첨]과 [응모자 추첨]으로 나뉩니다. 먼저 [단순 추첨 시작]을 클릭합니다.

참고하세요! **[단순 추첨과 응모자 추첨]**

[단순 추첨]은 응모자 수와 당첨자 수만 입력하여 간단하게 추첨이 가능하고, [응모자 추첨]은 응모자 이름, 연락처, 이메일 주소 등을 입력하여 응모자를 뽑는 방식입니다

3. 아래 이미지는 단순 추첨으로 실행을 한 화면입니다. 각 항목을 입력하고 [확인]을 누릅니다.

> '이벤트 명'은 지금 하고 있는 '이벤트 이름', '참여 인원'은 지금 이 벤트에 참여한 인원, '추첨 인원'은 당첨자 인원, '당첨자 순위 지정'은 당첨자가 1명 이상일 때 지정됩니다.

4. [순위 이름]과 [인원]을 지정하고 [추가]를 클릭합니다. 만약 위에서 총 당첨자 수를 3명으로 설정했다면, '1등'은 1명, '2등'은 2명과 같이 당첨자 분배를 한 후, [완료]를 클릭합니다.

Chapter 06 카스 운영에 유용한 프로그램들 ◆ 139

5️⃣ 당첨자 설정이 완료되면 [추첨 시작] 버튼을 누르면 추첨이 시작됩니다.

6️⃣ 당첨자 추첨이 완료되면 다음 번호의 추첨을 계속 할 수 있습니다.

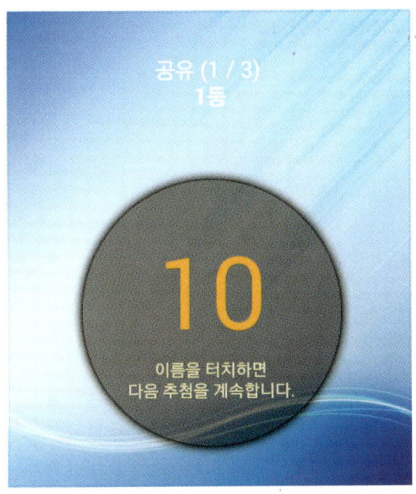

■ 응모자 추첨하기

앞에서는 [단순 추첨]을 살펴보았는데 이번에는 [응모자 추첨]을 알아보겠습니다. [응모자 추첨]은 이벤트 응모자의 정보를 받아서 추첨하는 방식으로 참여자의 개인 정보가 필요합니다.

1 이벤트 명이랑 총 담첨자 수를 입력합니다.

2 응모자의 개인 정보를 입력하여 추첨을 시작합니다. 이후의 진행은 단순 추첨과 동일합니다. 이벤트 응모자 수가 여러 명이라면 [계속 등록]을 눌러 추가로 입력합니다.

③ 이벤트 응모 번호 받기

위에서 설명한 이벤트는 이벤트 참여자의 모든 정보를 이벤트 주최자가 모두 입력해야 하지만, 지금 살펴볼 [이벤트 응모 번호 받기] 어플은 고객이 스스로 자신의 DB를 입력하는 것이어서, 추첨도 훨씬 간단하게 할 수 있습니다.

1 플레이 스토어에서 [이벤트응모번호]를 검색하여 [이벤트 응모번호 받기]라는 어플을 설치합니다.

2 이벤트 응모 번호 받기 어플을 설치하였으면 이제 회원 가입을 해야 합니다. 메일 주소와 비밀번호로 간단하게 회원 가입을 할 수 있습니다.

3 회원 가입이 완료되었으면 로그인 한 후, 왼쪽 상단 위의 네모(⊞) 모양을 클릭합니다.

4 [이벤트 관리]는 현재 진행 중인 이벤트의 조회와 관리를, [이벤트 등록]은 신규 이벤트 등록, [응모자 목록]은 이벤트에 참여한 인원을 볼 수 있습니다. 여기서는 [이벤트 등록]을 클릭합니다.

5 [이벤트 등록]을 클릭하면 이렇게 [이벤트 명], [응모타입(고객의 디비)] 그리고 [응모번호], [응모 사용 여부]를 설정할 수 있습니다. 원하는 형식으로 설정하고 [저장] 버튼을 클릭합니다.

6 이벤트 관리자 페이지에서 [주소 확인]을 클릭하면 이벤트 주소 URL이 나타납니다. 원하는 URL을 복사하여 자신의 카카오 스토리에 붙여 넣습니다.

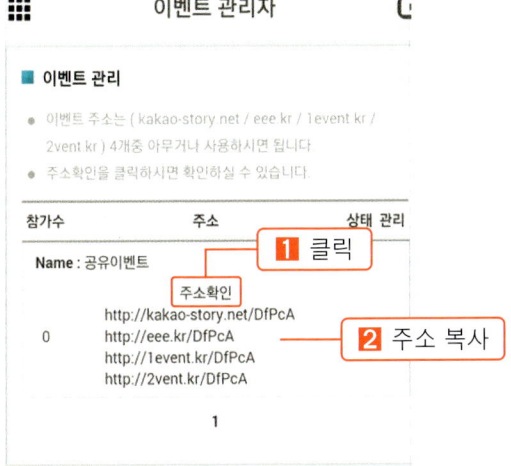

> **참고하세요!** **스마트폰에서 복사 및 붙여넣기**
>
> 스마트폰에서 특정 부분을 꾹 누르고 있으면 우측 화면처럼 범위 조절자가 나타납니다. 이것을 이동시켜 원하는 범위를 지정한 후, [복사하기]를 선택하고, 원하는 곳에서 꾹 눌러 [붙여넣기]를 선택하면 복사가 완료됩니다.

7 이벤트 URL이 넣어진 카카오 스토리 이벤트 글입니다.(고객이 이벤트용 URL을 클릭하면 바로 이벤트 참여가 가능한 어플로 넘어갑니다.

[출처 : 키즈토마토]

4 유용한 어플(카스 정보방) 사용하기

카카오 스토리나 카카오 채널을 운영하는 회원들은 혹시 유용한 정보만 무료로 퍼 올 수 있는 어플이 있으면 얼마나 좋을까? 라는 생각을 해본 적이 있을 겁니다.

이런 작업을 쉽게 할 수 있는 '카스정보방'을 소개하겠습니다. [카스정보방] 어플을 다운받거나 [카스정보방] 홈페이지에 들어가면 누구나 쉽게 자료를 다운받아서 사용할 수 있습니다.

1 네이버에서 '카스정보방'을 검색합니다.

2 [카스정보방] 홈페이지에 들어가면 다음과 같은 정보들이 나옵니다. 이 중에서 마음에 드는 정보를 골라서 퍼 가면 됩니다.

※ 이곳에 있는 정보는 모두 저작권이 카카오사에 있기 때문에 수정을 하지 않는 이상 퍼 가는 것은 자유롭게 할 수 있습니다.

3 이중에서 가장 첫 번째 있는 정보를 가져오겠습니다. 첫 번째 것을 클릭하여 우측 상단의 화살표를 눌러 다운로드합니다.

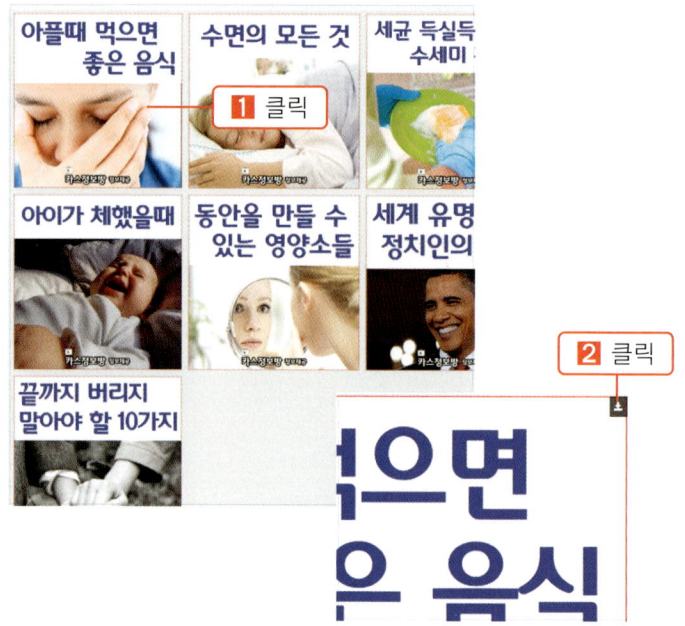

Chapter 06 카스 운영에 유용한 프로그램들 ◆ 147

4 이제 다운로드한 자료를 올리기 위해 다시 네이버 검색 창에서 [카카오 스토리]를 입력하여 검색한 후, [카카오 스토리]에 들어갑니다.

※ 지금 진행하는 예는 PC 버전이지만, 스마트폰에서는 '카스정보방' 어플을 다운받으면 더 쉽게 작업할 수 있습니다.

5 카카오 스토리에 로그인한 후, [내 채널]로 들어갑니다.

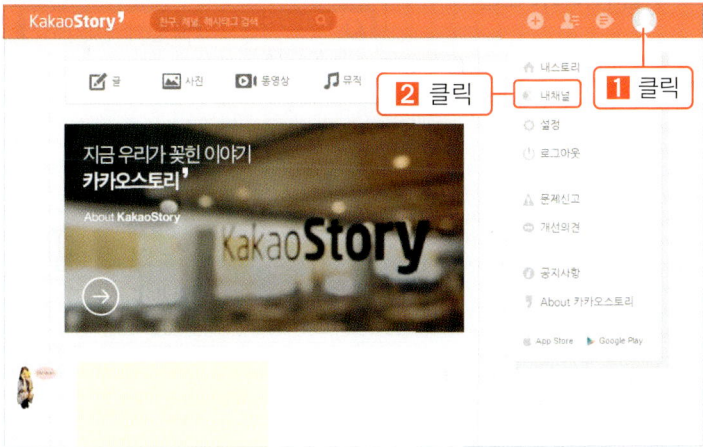

6 나타나는 스토리 채널에서 원하는 곳으로 이동한 후, [글]을 클릭합니다.

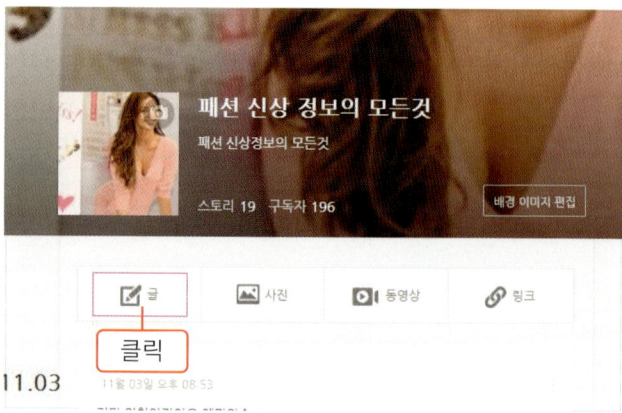

7 [사진]을 클릭하고 카스 정보방에서 퍼 온 자료들을 올려 줍니다.

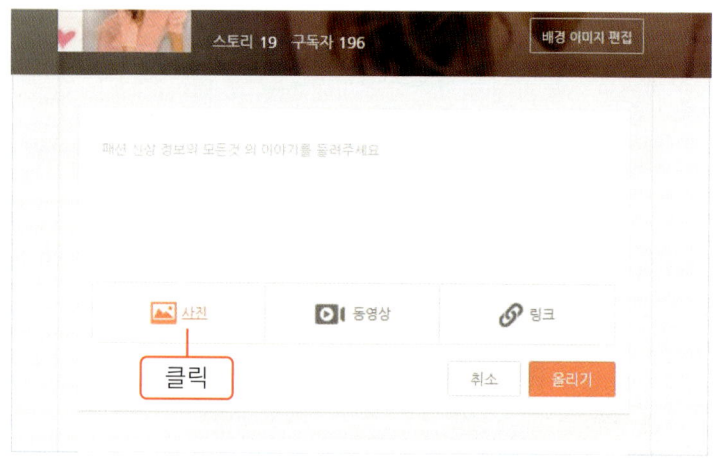

Chapter 06 카스 운영에 유용한 프로그램들 149

8 사진을 추가하고 내용을 입력한 후, [올리기]를 클릭합니다.

9 사진이 추가된 화면을 확인할 수 있습니다.

◆ 대박 매출로 이끌어 주는 **카카오 스토리 마케팅**

5 카카오 스토리에서 링크로 결제가 가능한 페이앱

카카오 스토리에서의 결제 시스템에 대하여 궁금해 하는 분들이 많았을 것이라고 생각합니다. 카카오 스토리에서 카드 결제는 페이앱이라는 시스템에서 가능합니다.

1 네이버에서 [페이앱]을 검색하고 홈페이지(www.payapp.kr)로 들어갑니다.

2 페이앱 사이트로 들어가서 회원 가입을 하고 등록을 합니다.(등록하는 절차는 페이앱 사이트에 문의해 주세요.)

페이엡 사이트에 회원 가입을 하면 링크를 생성할 수 있고, 그 링크를 카페나 카스 블로그에 올려서 결제 시스템이 없는 곳에서 결제를 가능하게 할 수 있습니다.

Chapter 06 카스 운영에 유용한 프로그램들 ◆ 151

3 [결제 링크 생성]에서 상점명, 상품명 이미지, 가격, 상세 내용을 입력하고 [확인]을 누르면 결제 링크가 생성됩니다.

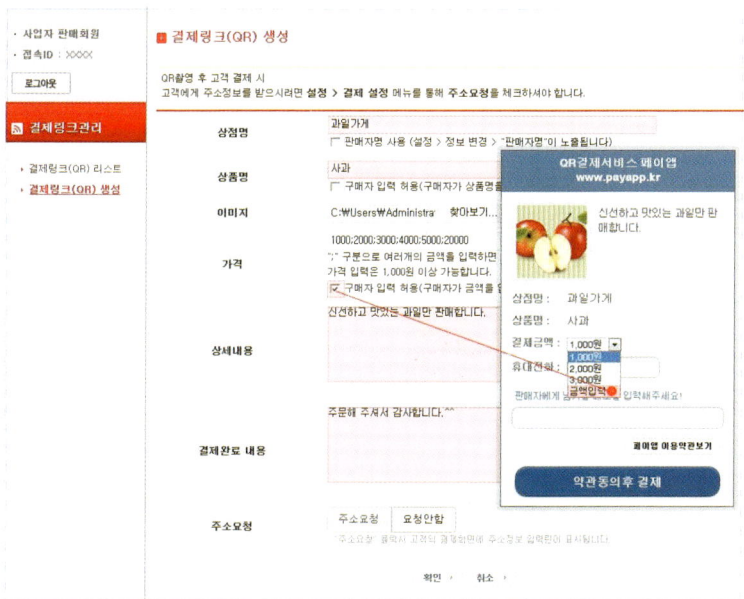

4 결제 링크가 생성되면 결제 링크 리스트에서 링크를 복사합니다.

5 복사한 링크를 자신의 카카오 스토리나 카페에 글을 쓸 때 같이 올리면 고객은 이 링크를 클릭해서 결제를 진행할 수 있습니다.

고객이 신용카드 결제, 핸드폰 결제 선택이 가능하고 클릭 한번만으로 편하게 결제 및 관리가 가능합니다.

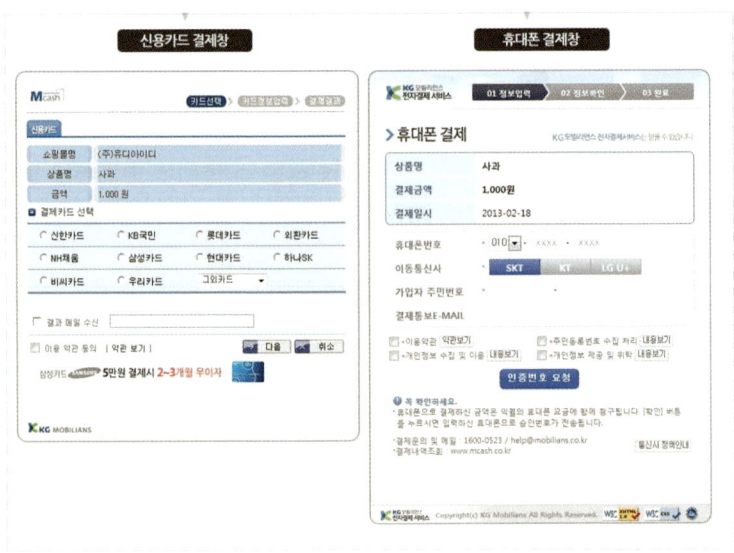

Chapter 06 카스 운영에 유용한 프로그램들 ◆ 153

6 네이버 오피스로 카카오 스토리 유용하게 사용하기

6.1 네이버 오피스로 이벤트 페이지 만들기

카카오 스토리에서 이벤트를 할 때 네이버 오피스를 하면 편하게 틀(폼)을 만들 수 있습니다.

1 네이버에 로그인을 한 후, [네이버 오피스]를 검색하여, 네이버 오피스 (http://office.naver.com)를 클릭합니다.

2 나타나는 화면에서 [폼] 버튼을 클릭합니다.

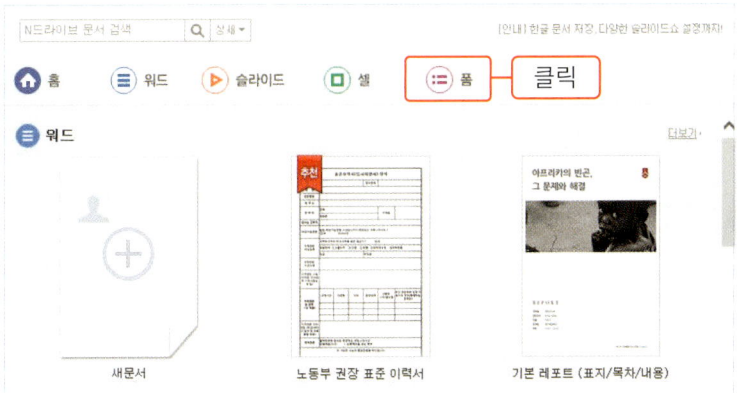

3 여러 폼들 중 [생활]의 [이벤트] 폼에 마우스를 위치시켜 [사용하기]를 클릭합니다.

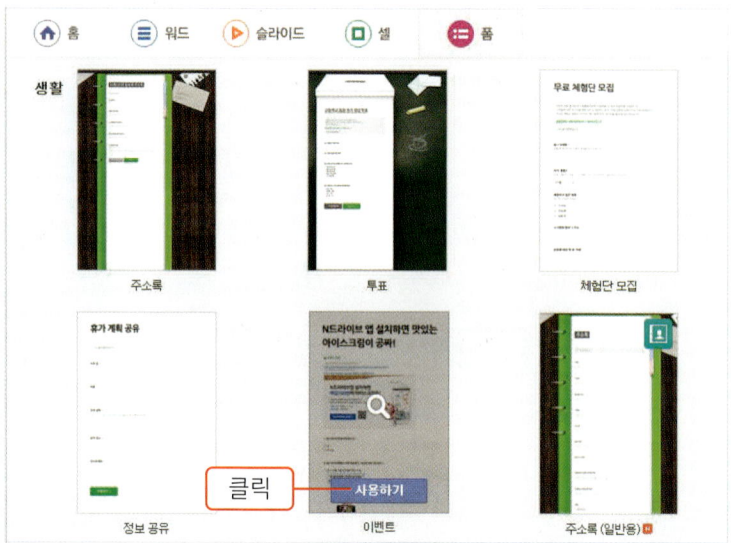

4 이벤트 폼을 클릭하면 이벤트 제목과 설명 그리고 기간 설정이 가능합니다.

5 다음은 이벤트 질문지를 만들 수 있습니다. 만약 원하는 질문보다 많으면 항목 우측의 ✕ 버튼을 눌러 삭제합니다. 아래는 단일 선택형으로 질문지를 만들어 보았습니다. 완성 후 [확인] 버튼을 클릭합니다.

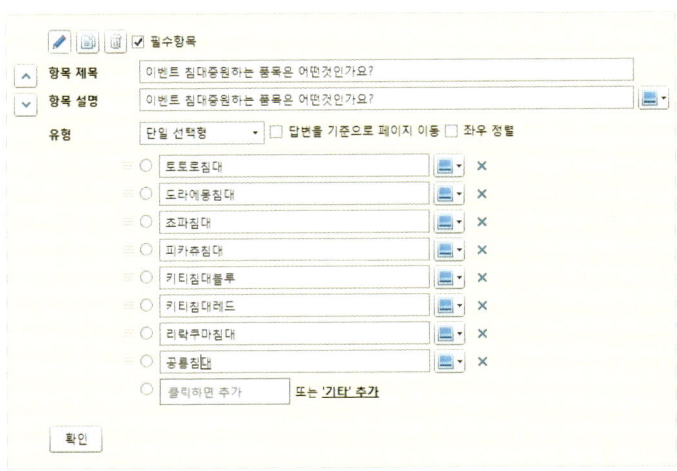

6 다음 칸에서는 참여자 정보 및 이 이벤트가 어떤 목적으로 사용되는지 고객에게 전달할 수 있습니다.

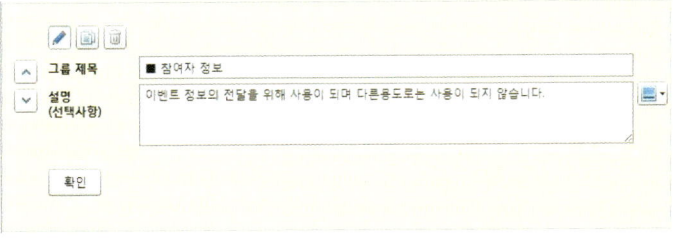

7 참여자 이름 및 휴대폰 번호를 입력하는 화면이 자동적으로 나옵니다. 여기서 [저장] 버튼을 클릭하면 이벤트 폼이 완성됩니다. 이제 URL 복사를 통해 카스에 고객들이 이 이벤트 폼에 참여하도록 만들 수 있습니다.

8 이벤트 URL의 저장은 위쪽 [폼 보내기] 버튼을 클릭하여 [URL로 내보내기]를 하여 차후 카스에 붙여넣기를 할 수 있습니다.

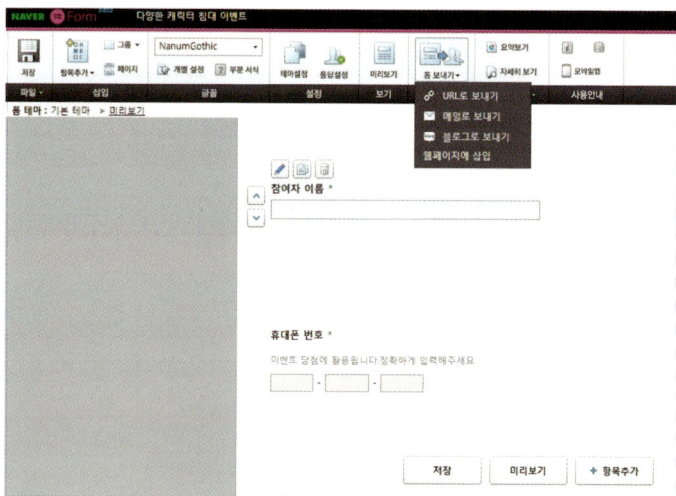

Chapter 06 카스 운영에 유용한 프로그램들 ◆ 161

5 업로드된 카스에서 고객이 URL을 클릭하면 바로 고객이 주문서를 작성할 수 있는 상품 주문 칸으로 넘어가게 됩니다.

◆ 대박 매출로 이끌어 주는 **카카오 스토리 마케팅**

Chapter 07 카카오 스토리로 부업하기

요즘 카카오 스토리에서 부업하는 분들이 많이 늘고 있습니다. 편하게 카카오 스토리에서 쇼핑몰겸 부업도 가능합니다. 물건을 직접 구매해서 이를 카스에서 판매도 가능하지만 그것은 물건을 확보해야 하는 문제와 비용이 많이 발생합니다. 이번 챕터에서는 물건을 직접 가져올 필요 없이 판매를 대행해서 부업할 수 있는 방법을 소개하겠습니다.

1 카카오 스토리로 쇼핑몰 하기

카카오 스토리로 판매 대행의 쇼핑몰을 운영하는 방법은 크게 어렵지 않습니다. 많은 분들이 쇼핑몰을 하면 물건을 직접 구매해서 구비하고, 이 물건을 사진 촬영하여 카스에 올리고, 고객한테 입금을 받고 물품을 배송해 주는 구조를 생각합니다.

하지만 판매를 대행할 수 있는 업체와 협력하면 물건을 직접 구매해 놓을 필요도 없고, 본인의 카스로 주문 받은 후, 그 주문 사항만 협력 업체로 위탁 배송으로 주문 처리를 하면 됩니다. 물품의 정보나 사진 등은 협력 업체에서 제공 받으니 크게 노력이 필요하지 않고, 재고를 쌓아 둘 필요도 없으니 자금 부담도 덜 수 있습니다. 열심히 홍보하여 주문을 받고, 입금을 확인한 후, 물품 정보와 배송지 정보만 전달하면 됩니다.

단, 꼭 사업자등록증은 꼭 준비해 두어야 합니다.

❷ 위탁 판매 시스템이란?

위탁 판매란 물건 주문만 받으면 공급 업체에서 물건을 소비자에게 바로 배송해 주는 시스템입니다. 카카오 스토리에 물건의 이미지를 올리고 주문 및 입금을 받고 공급 업체에 입금한 후, 구매자의 주소를 전달하면 공급 업체에서 소비자에게 바로 배송을 합니다.

■ **위탁 판매의 장점**

❶ 재고를 갖고 있지 않아도 됩니다. 입금을 받고 공급 업체에 주문서를 작성하면 고객한테 배송까지 처리해 줍니다.

❷ 제품 정보와 사진 촬영 등이 필요 없습니다. 업체에서 제품 사진까지 제공해 주기 때문에 이미지만 자신의 상점에 올리고 주문을 받으면 됩니다.

❸ 공급 업체의 물품을 판매하는 것이므로 초기 창업비용이 거의 들지 않습니다.

❹ 물품의 재고가 없으므로 부업이 실패해도 금전적 손해가 없습니다.

■ **위탁 판매의 단점**

❶ 본인의 제품을 판매하는 것이 아닌 타 업체의 물품을 판매하는 것이므로 판매마진이 높지 않습니다.

❷ 공급 업체의 판매를 대행하는 것이므로, 신제품 개발이나 다양한 제품을 판매하기가 쉽지 않습니다.

위에서 위탁 판매의 장단점을 살펴보았습니다. 이러한 위탁 판매 시스템은 몇몇 단점에도 불구하고 손쉽게 부업할 수 있다는 큰 장점이 있습니다. 먼저, 위탁 판매로 경험을 쌓은 후, 본인의 물품을 구비하거나 위탁 판매처를 더 추가해서 크게 운영하는 과정을 밟는 것이 바람직합니다.

3 위탁 판매가 가능한 업체

앞서 살펴본 위탁 판매를 대행할 수 있는 업체를 소개하겠습니다. 업체에 구비 서류나 조건 등을 문의하여 본인에게 맞는 곳을 선택하여 부업을 시작하기 바랍니다.

3.1 여성 의류

■ 의류 전문 도매몰 – 한나스타일

http://hannastyle.co.kr

아래는 여성 의류 전문 도매몰 한나스타일 이미지입니다. 여성 의류가 모아져 있으며 이미지 사용은 무료입니다.

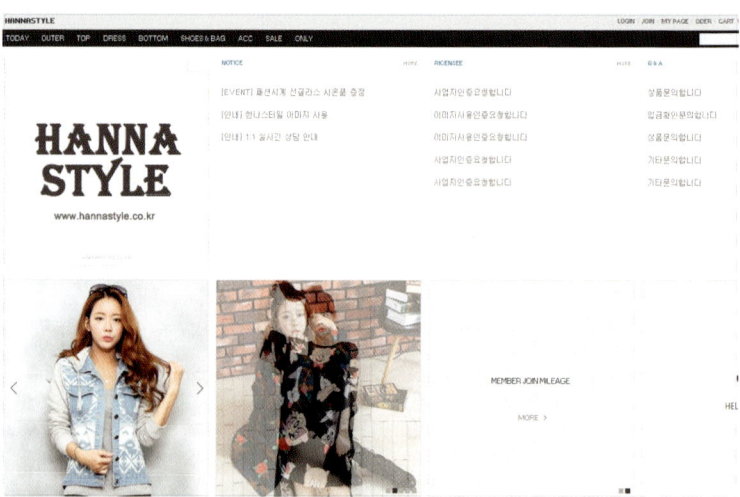

Chapter 07 카카오 스토리로 부업하기 ◆ 165

■ 스타일리시한 여성 의류 - 몬스터케이

www.monster-k.com

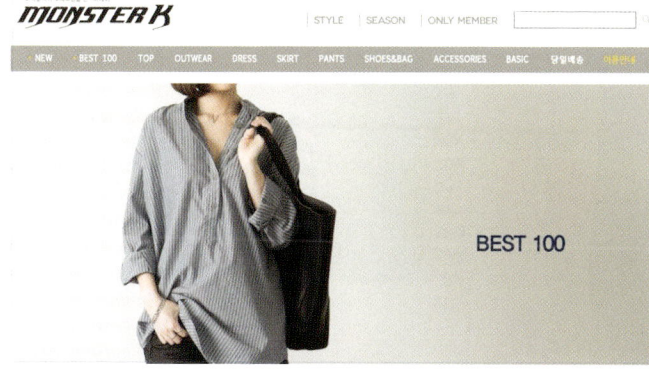

3.2 남성 의류

■ 남성 의류 전문 도매 쇼핑몰 – 맨즈돔

www.mendome.co.kr

그린

3.3 핸드폰 케이스

■ 신기한 핸드폰 케이스 - 메일리 디자인

www.meili-designshop.com

메일리 디자인은 많은 기종의 핸드폰 케이스를 가지고 있고 자체 제작이라 재고가 떨어질 염려가 없습니다.

◆ 대박 매출로 이끌어 주는 카카오 스토리 마케팅

■ 마이핏

http://my-fit.co.kr

마이핏에서는 판매되는 핸드폰의 거의 모든 케이스가 있습니다. 다만 재고가 빨리 빠집니다.

3.4 명품 도매 사이트

■ 명품 구매 대행 도매 사이트 – 샵앤샵 카페 및 카스

http://cafe.naver.com/hot5128

토리버치 및 마이클 코어스 등의 위탁 판매가 가능한 카페 샵앤샵입니다. 이미지 사용료는 없으며 고객한테 입금을 받고, 고객 주소를 카페에 넣으면 샵앤샵에서 배송까지 처리합니다.(주 품목: 토리버치 마이클 코어스)

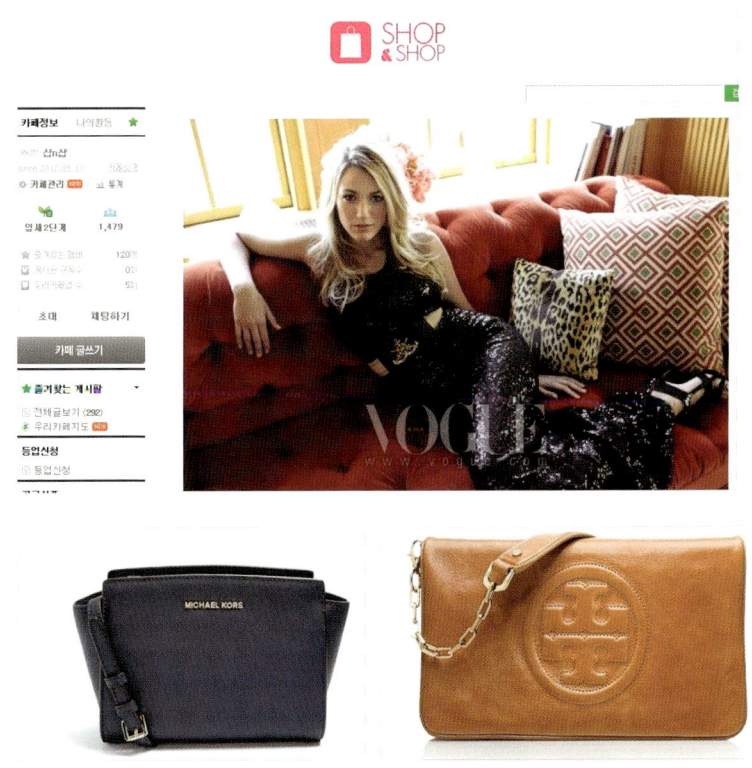

3.5 액세서리 도매 사이트

■ 액세서리 도매 사이트 – 도매모리

www.domemori.com

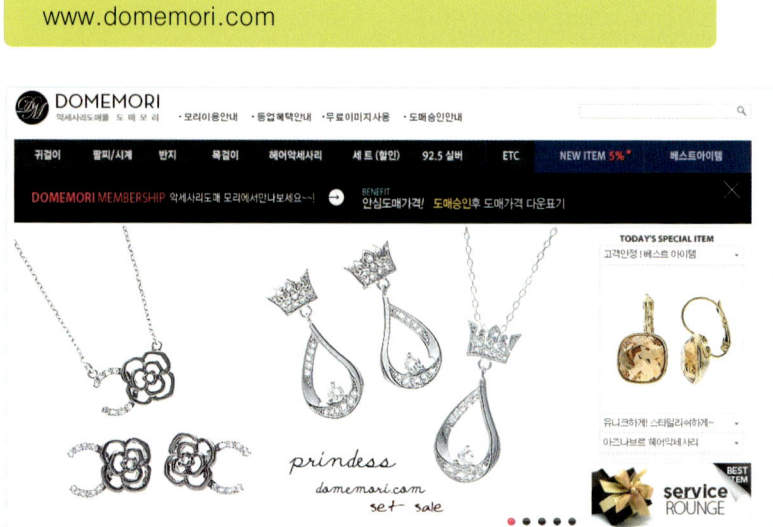

3.6 땡처리 물품 사이트

■ 도매꾹

http://domeggook.com/main/

Chapter 07 카카오 스토리로 부업하기 ◆ 171

■ 왕도매

www.wangdome.com

3.7 패션 잡화 전문 도매 사이트

■ 투스토리

www.twostory.co.kr/

◆ 대박 매출로 이끌어 주는 카카오 스토리 마케팅

3.8 신발 도매 사이트

■ 신고메고

www.joomengi.com

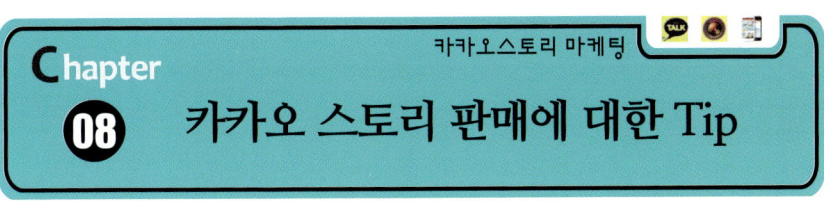

1 판매 가격의 한계

카카오 스토리에서 모든 상품이 다 잘 팔리는 것은 아닙니다. 고가의 상품 같은 경우 카카오 스토리에서 판매하기가 굉장히 힘듭니다. 10만원 미만 대의 상품이 가장 잘 팔리고, 가격이 그 이상 올라가면 카카오 스토리로 바로 판매하기는 어렵습니다.

고가의 상품이 잘 팔리지 않는 이유는 비싼 제품을 거래할 만한 신뢰 확보가 어렵기 때문입니다. 또한 판매 사기에 대한 일들이 간혹 발생하기 때문에 그에 대한 고객의 불안감도 원인입니다. 물론 카카오 스토리를 통해 보험이나 자동차까지 판매하는 분들이 계십니다만 단순히 카카오 스토리를 통해서 판매하는 것이 아니라 카카오 스토리 외에도 오프라인을 포함한 여러 마케팅 채널을 사용하는 경우가 대부분입니다.

② 잠재 고객 관리

잠재 고객을 구매 예상 고객으로 만드는 방법 중 하나입니다.

카카오 스토리에서만 고객과 소통을 하는 것이 아니라 카카오톡으로 연락을 받은 후 카카오톡 친구로 저장해 놓으면 카톡으로 고객 상담 관리가 가능합니다. 고객이 바로 물품을 구매하지 않더라도 카카오톡 친구로 남아 있기 때문에 신상품 소개 등 지속적인 판매 권유가 가능합니다.

③ 카카오톡 채팅을 통한 상담 노하우

3.1 고객의 취향 파악

카카오톡으로 고객 상담을 할 때는 먼저 고객 분석을 해야 합니다.

고객이 무엇을 좋아하고 어떤 고민이 있는지, 어떤 상품을 좋아하는지, 고객과의 카카오톡 대화를 분석해 놓고 정리해 놓으면 지속적인 고객 상담에 큰 도움이 됩니다. 대화를 통해 고객의 니즈(Needs)를 파악해야 합니다.

3.2 상담을 통한 추가 상품 구매 유도

고객의 니즈(Needs)를 확인했다면 그에 맞는 다른 상품이나 추가 상품을 제안하여 구매를 유도하는 것도 좋은 방법입니다. 고객에게 필요한 상품에 대한 정보를 적절히 제공하면 됩니다.

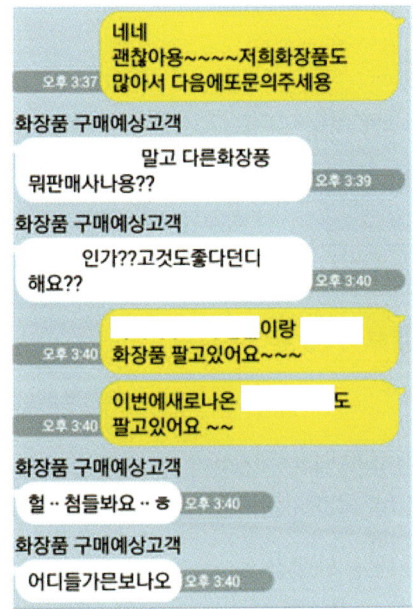

3.3 채팅을 통한 공동 구매를 유도

지마켓이나 옥션 같은 오픈 마켓에서는 카카오톡 상담이 활발하지 않기 때문에 추가 상품 구매 유도나 공동 구매 유도가 많이 힘듭니다. 하지만 카카오톡을 통한 판매는 고객과의 친밀도가 기반이 되기 때문에 추가적인 상품 구매를 유도하거나 공동 구매까지 유도할 수 있습니다.

아래 이미지는 '같이 사면 할인이 된다'는 프로모션을 제시하여 공동 구매로 유도하는 내용입니다.

3.4 신제품 소식이나 할인 정보 전달로 구매 유도하기

구매를 하지 않은 고객들은 구매 예상 고객으로 분류하여 시간이 지난 후 카카오톡 안부 메시지나 신제품 소식을 전달하여 구매까지 유도해야 합니다.

아래 이미지는 고객의 니즈를 파악하고 신제품 소식을 전달하는 내용입니다.

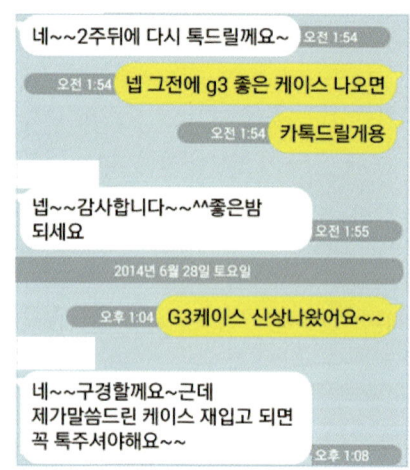

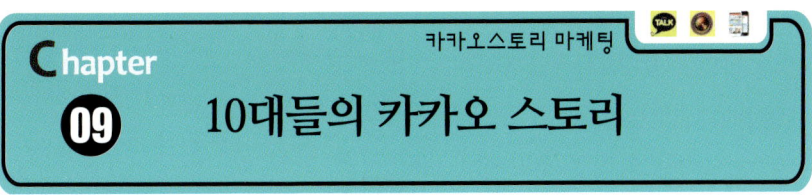

10대, 20대, 30대, 40대의 전 연령층에서 카카오 스토리를 사용하지만, 그 중 10대가 가장 활발한 활동을 합니다. 10대들은 카카오 스토리를 사용하면서 여러 가지 신조어를 만들었으며, 카카오 스토리 안에 10대들만의 놀이 문화를 만들어 냈습니다.

1 10대들이 카카오 스토리에서 만들어 낸 신조어들

1.1 언급

10대들이 많은 스토리 채널에 가보면 '언급하지마', '언급해주세요' 등의 말을 보게 됩니다. 일상생활에서의 '언급'은 '어떤 것에 대해 말하는 것'입니다. 그러나 카스에서 10대들이 사용하는 '언급'은 '댓글에서 전하고 싶은 말을 아이디를 클릭해 푸시 알림으로 상대방에게 전달하는 것'을 뜻합니다.

> **참고하세요! 10대들의 언급**
> 댓글 목록에서 '아이디'를 클릭하면 '댓글란'에 해당 아이디가 나오고 해당란에 댓글을 쓴 후 전송을 누르면 그 대상에게 정보를 전달할 수 있습니다.

좌측 이미지는 '뷰티아가씨'가 '이건'씨의 아이디를 클릭하여 댓글란에 '이건'이라는 해당 아이디가 보이는 화면입니다. 이곳에 댓글을 써서 전송하면 '이건'씨에게 푸시 알림으로 댓글 내용이 전달됩니다.

1.2 썰

10들이 카카오 스토리에서 연재하는 이야기 및 소설을 일컫는 말입니다. 글 쓰는 칸에는 제목을 넣고 댓글에서 이야기를 연재하고 있습니다. '책갈피'란 카카오 스토리 댓글란에 쓰여진 썰을 여기까지 봤다고 유저가 댓글을 남기는 것입니다.

아래 이미지는 '치마안줄였다고잡는선도부'란 썰의 댓글로 소설을 연재하고 있는 이미지입니다.

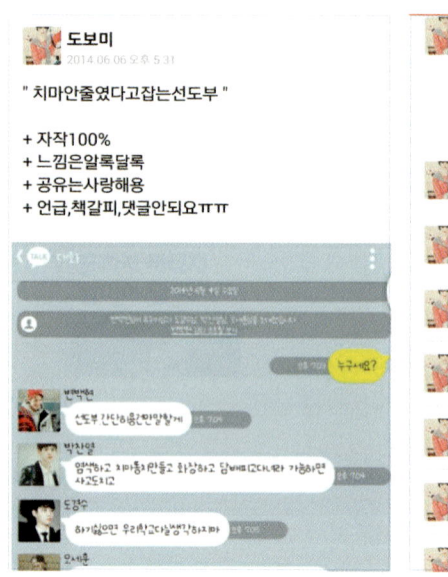

1.3 숫자 놀이

10대 관련 카카오 스토리를 운영하다 보면 댓글에 1, 2, 3, 4 등의 숫자가 달리는 것을 볼 수 있습니다. 10대들이 많이 하는 댓글 순위 숫자 놀이입니다. 글이 올라오면 댓글란에 자신이 몇 번째 이 글을 보았는지를 1등, 1빠... 이런 식으로 기재합니다. 기존 웹상에서는 '등수 놀이'라고 불렸던 방식입니다.

아래 이미지의 '1빠, 2빠, 3빠, 4' 등은 숫자 놀이하는 댓글들입니다.

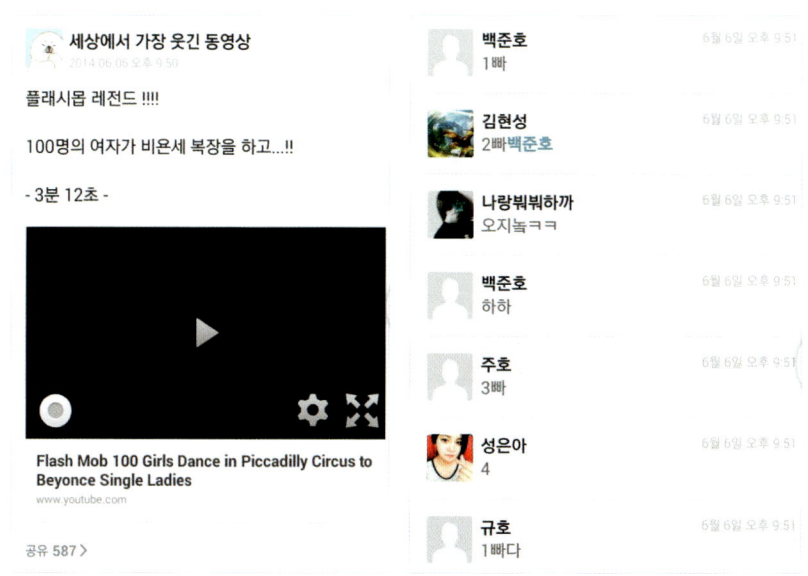

1.4 카스툰

카카오 스토리 안에서만 연재하는 웹 툰을 의미합니다. 10대들은 이것을 '카스툰'이라고 부릅니다. 카스툰을 보려면 해당 카스툰을 공유해야 보고 싶을 때 자신의 카카오 스토리에 공유된 카스툰을 볼 수 있습니다. 카카오 스토리는 아직 네이버 같은 검색 기능이 없습니다. 원하는 카카오 스토리에 들어가려면 아이디 영어 검색을 통해 해당 카카오 스토리로 들어갑니다. 그래서 보통 카카오 스토리 검색에 불편함을 느껴서 카스툰을 연재하는 카카오 스토리의 카스툰이나 글을 하나 공유해 놓고 방문하는 경로로 사용합니다.

아래 이미지는 '릴레이툰어린공주'에 연재되는 카스툰 중 하나입니다.

[릴레이툰 어린공주]

> **참고하세요!** **10대들의 카스 용어 정리**
>
> - 썰: 자신의 경험이나 재미를 위해 만들어진 이야기
> - 카스툰: 카스에서의 웹 툰
> - 언급: 댓글에서 클릭을 통한 푸시 알림
> - 선시: 먼저 시비를 거는 것
> - 공그로: 공유를 끌기 위해 하는 행동을 비하하는 말
> - 댓삭: 댓글 삭제
> - 반모: 반말 모드
> - 자반: 자동 반말 모드

Chapter 10 카카오 스토리를 이용한 고객 관리

카카오스토리 마케팅

이번 챕터에서 설명할 내용은 카스를 통한 고객 관리 방법입니다. 카스는 소통의 SNS이며 고객 관리는 매우 중요한 부분입니다. 지금부터 하나 하나 설명해 드리겠습니다.

1 카스를 이용한 고객 관리 방법

카스를 이용하여 고객 관리를 할 때 중요한 것은 카톡으로 친근하게 친구처럼 대하는 것이 중요합니다. 딱딱한 말투는 효과적인 고객 응대 방법이 아닙니다.

아래 몇 가지 고객 상담 내역들을 보여드리겠습니다. 정말 친한 언니가 가족을 대하듯이, 딱딱한 표현보다는 채팅 같이 편안하게 친한 가족처럼 고객 상담을 진행하는 것이 충성 고객으로 만드는 좋은 방법입니다. 과도한 이모티콘은 안 좋지만 적절한 이모티콘을 넣어서 상담하는 것도 좋은 방법입니다.

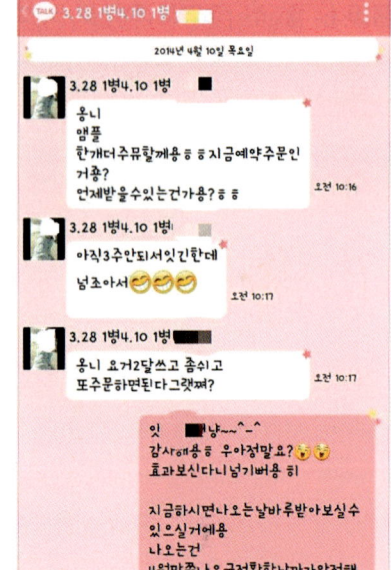

[출처: BSC 박시은 실장님 상담 자료]

❷ 구매 완료 후 만족 여부를 카톡으로 체크하기

　물품을 고객에게 배송한 후, 카톡으로 운송장 번호만 적어서 보내지 말고, 제품 사용 방법이나 정보들을 같이 보내 주면 고객은 그것에 대하여 더 큰 만족감을 느끼게 됩니다.

　밑에 사진은 화장품을 구매한 고객에게 구매 후 보내는 메시지입니다. 보통은 운송장 번호만 보내겠지만 미리 준비해 둔 자료를 고객한테 보내서 배송 정보와 함께 고객의 만족도를 높이고 있습니다.

Chapter 10 카카오 스토리를 이용한 고객 관리 ◆

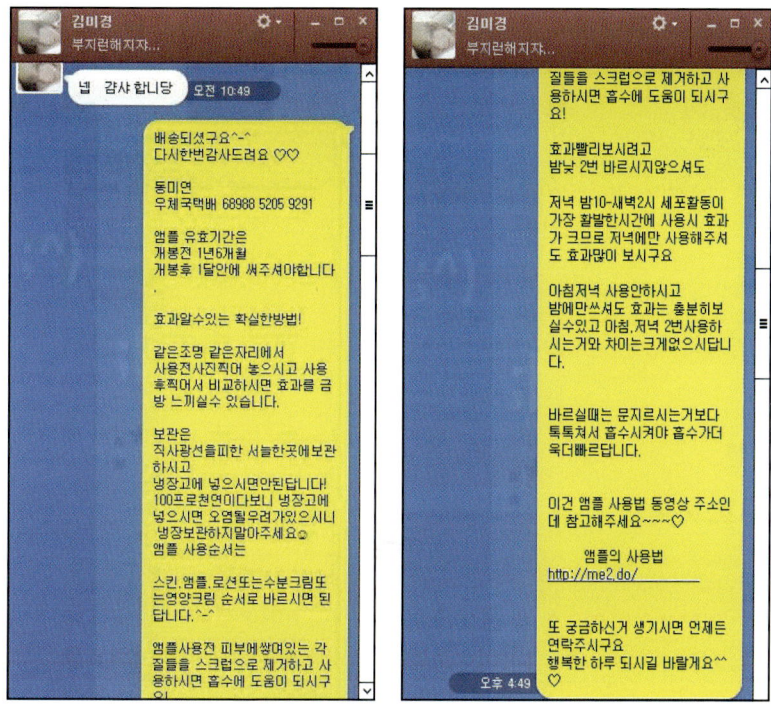

[B.S.C 화장품의 예]

◆ 대박 매출로 이끌어 주는 **카카오 스토리 마케팅**

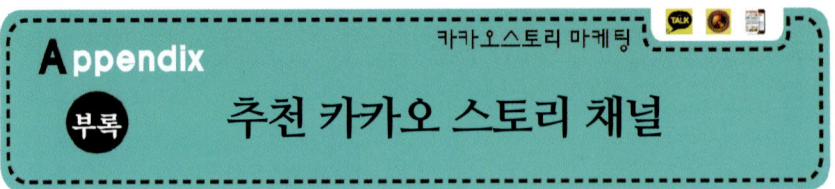

참조하기 좋은 스토리 채널 목록을 소개하겠습니다.

1. 패션

베스트드레서

https://story.kakao.com/ch/bestdresser

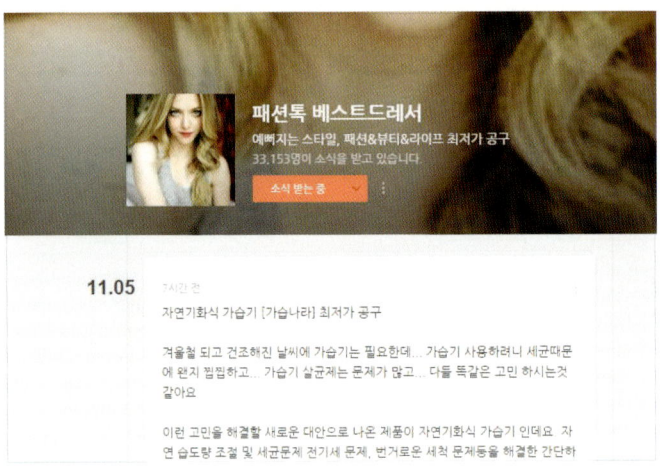

패션센스

https://story.kakao.com/ch/fashionsense

패션&스타일

https://story.kakao.com/ch/fashionstyle

2. 유머

웃음충전소

https://story.kakao.com/ch/bboomgag

3. 여성

여자들이 좋아하는 공간

https://story.kakao.com/ch/girllike

4. 요리

아내의 식탁

https://story.kakao.com/ch/wifetable

김치모아

https://story.kakao.com/ch/kimchimoa

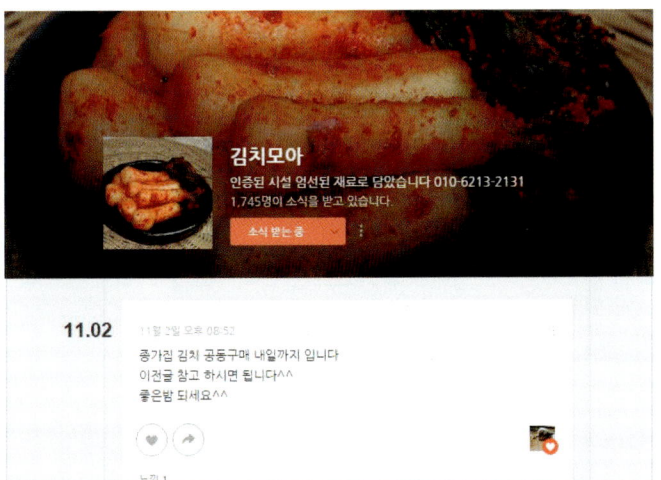

5. 연애

솔로탈출

https://story.kakao.com/ch/mydarling123

6. 책, 명언

책속의 한줄

https://story.kakao.com/ch/bookhanzul

7. 육아

육아 상식

https://story.kakao.com/ch/ilovebaby

8. 취업

스펙업

https://story.kakao.com/ch/specup

9. 특정 기관

롯데월드

https://story.kakao.com/ch/lotteworld

10. 유명인

혜민 스님의 따뜻한 응원

https://story.kakao.com/ch/storyhaemin

대박 매출로 이끌어 주는 카카오스토리 마케팅

윤정탁, 이기훈 지음   정가 / 15,000원

펴낸 곳 / 인투북스
펴낸 이 / 이 갑 재

전 화 / 070-8246-8759   **팩 스** / 031-925-8751
홈페이지 / www.intobooks.co.kr

2014년 12월 8일 초판 인쇄
2014년 12월 18일 1판 1쇄 발행

ISBN : 978-89-6909-007-2

내용 문의: didvk6@naver.com

이 책의 자료와 내용의 무단 복사 및 전재를 금합니다.